運動遊びが子供の脳とからだを鍛える

楽しく熱中すれば自ら育つ

公益財団法人 外あそび体育遊具協会
理事長
吉川 靜雄 著

ミネルヴァ書房

はしがき

安田式遊具を導入している保育園・幼稚園（認定こども園も含む）は、今や全国で3000カ園以上にのぼります。その数が多いのか少ないのか客観的に判断できませんが、この遊具を導入した園から園へと口コミで広がっていったことは私を大いに勇気づけてくれました。

というのも、安田式遊具は子供たちが実際に遊ぶ姿を見ないことには、その素晴らしさが理解しにくいからです。安田式遊具の導入を検討している園長先生は実際の姿を見て感動し、安田式指導法という指導法もあることを理解されたうえで導入を決断しています。感動と納得、人と人とのつながりが安田式遊具を広めてくれたのです。

おかげで安田式遊具の存在そのものは、幼児教育関係者のなかでは随分知られるようになりましたが、私はいま、この遊具の素晴しさと価値を、より広く一般の人々にも知っていただきたいと念願しています。なぜなら、安田式遊具とその指導法は、ただ幼児教育の一過程の遊びメソッドなのではなく、その後の人間形成につなげることを大きな目的とした教育メソッドでもあるからです。

具体的には本書のなかでおいおい述べていきますが、その概要を知っていただくために、第三者の客観的評価を先ずご紹介させていただきます。

一昨年（２０１７年）の暮れも押し迫る12月25日、私は東大の講堂で開かれた「失敗学会」の講師に招かれ、安田式遊具の普及に努めているエール㈱の居関達彦君とともに安田式遊具の話をさせていただきました。そのご縁から昨年の５月、失敗学会の会長である畑村洋太郎先生（東京大学名誉教授・工学院大学教授、畑村創造工学研究所代表）をはじめ数名の方が、ちくみ幼稚園（埼玉県三郷市）を見学されました。それから間もなく、畑村先生から私にお礼のメールとともに長文の「安田式遊具実況見学印象記」を送っていただきました。その一部は次のとおりです。

「幼稚園とか保育園の時期が非常に大事だ。０～３才で体や脳の基本形ができ上がっていく。そして、３才位からの幼児期に最も必要になる要素が安田式遊具には盛り込まれており、就学前の時期をこういう環境で育っていくのが非常に重要ではないかと思った」

畑村先生はかつて、絶滅した子供遊具の復活を目指して「危険学プロジェクト」というのを10年間されてきたそうです。その経験からの比較のうえでの高い評価だったので私はなおのこと嬉しかったのです。

もう一つご紹介したいのは、京都府内の公立保育園で導入された安田式遊具と指導法が、〃いじめ〃を止める側の子供を育てているという事例です。

その公立保育園では園長先生の転勤があり、新たに就任した園長は幼児教育に携わったことがなかった人でしたので、保育内容は主任の先生に頼られました。安田先生の研究会で勉強されていた主任の先生は、安田式遊具を導入するチャンス到来と考えました。園庭が狭いため子供たちに思い切り運動遊びをさせることができなかったからです。安田先生に相談したところ、建物の2階から橋を架けるなど、柔軟な発想の総合遊具ができあがりました。その場の条件により、建物まで遊び場として活用するというのが安田式遊具の発想です。

完成後、子供たちがあまり元気に遊ぶので、隣近所から「騒がしい」「静かにしろ」と苦情がありましたが、新園長の対応が素晴らしく、半年後にはクレームがなくなりました。それから3年後、退任することになった園長先生は、卒園児が入学している近隣の小学校3校に挨拶に行かれました。すると、訪問先の校長先生が異口同音にこう言われたそうです。

「園長先生、貴園ではどのような保育をされているのですか？　おたくの卒園児の子たちは、いじめをしない。反対に、いじめを止める側にいます」と。

卒園児をほめられるのは嬉しいことですが、ピンとこなかった園長先生は、帰園して、主任にこの話をされたところ、主任の先生は別に驚くことではないとばかりに、「園長先生、安田式遊具を入れてから、子供たちが熱中して遊ぶようになったからですよ」と。

園長先生が退任される時、安田先生と私を園に呼ばれ、感極まったように言われました。

「60年間生きてきて、運よく安田式遊具に出会い、まさか遊具が子供をこんなにも変えるとは思いませんでした。私の人生の価値観を変える様な体験をさせて頂き、安田先生、ほんとうにありがとうございました」

私は、この園長先生の率直な言葉に感動しました。そして、いじめ問題の根本的解決は「これしかない」と思った瞬間でもあり、一生忘れられません。

安田祐治先生がこの遊具を開発したのは、体操選手や運動の万能選手を育てるためではありません。長年の教育現場での体験と研究により、「まともな脳」「まともな人間」を育てるには、幼児期の運動遊びがいちばんという教育的観点と信念からでした。

２０１３年、外あそび体育遊具協会は、一般社団法人から公益財団法人となりました。そして２０１７年10月には、安田式遊具とその指導法が、アメリカにおいて著作権を取得しました。惜しいかな、安田先生は、著作権取得の知らせが来る３カ月前、98歳で永眠されました。

本書は、七十余年に及ぶ安田先生の功績を讃えるとともに、一人でも多くの人に安田式遊具とその指導法について理解を深めていただきたいと願って発刊するものです。そして本書を先ず、感謝の思いをこめて安田祐治先生に捧げます。

２０１９年　春

吉川　靜雄

※本書で使用している写真・イラスト・安田先生の資料（書籍、雑誌・新聞記事など）は、すべて、財団法人外あそび体育遊具協会と、エール株式会社が所有・管理しており、イラストは安田先生によるものです。

目次

第2章　安田式遊具とその指導法に魅せられて……23

第3章　食育・知育・体育は三位一体……55

第４章　運動遊びが脳とからだを多面的に結ぶ

第5章　リスクがあるから楽しく遊ぶ――遊具のリスクとハザード……113

イラスト画:安田祐治先生

第1章
仙人みたいと言われた安田祐治先生

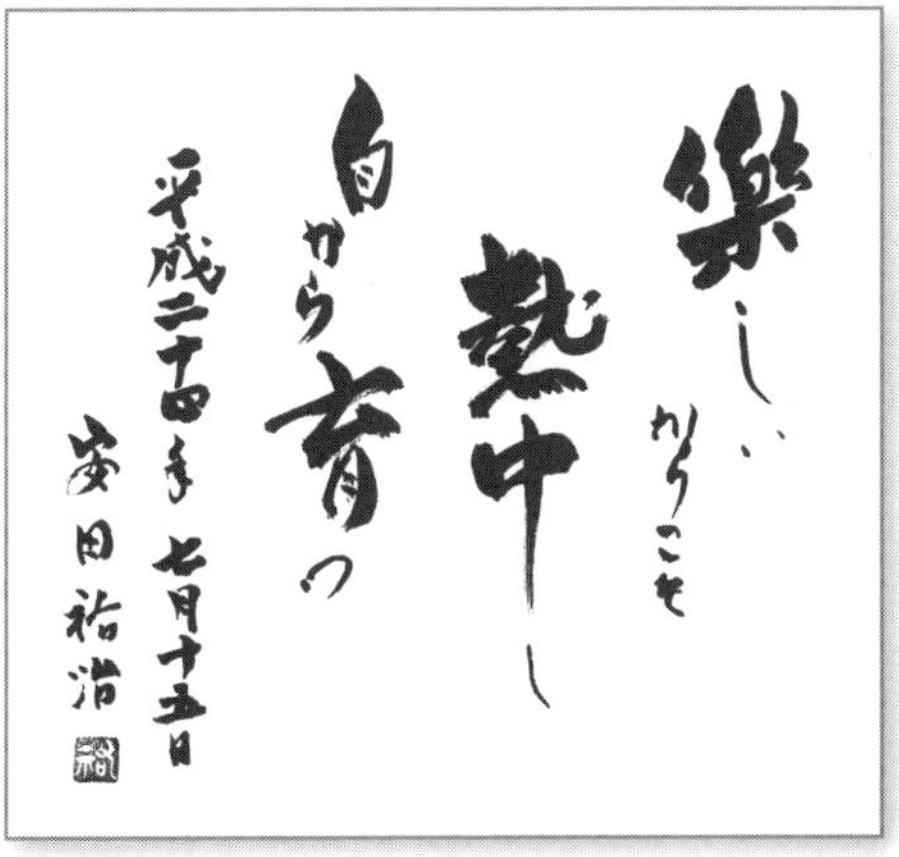
樂しい
からこそ
熱中し
自から育つ
平成二十四年 七月十五日
安田祐治

生涯をかけ「体育遊び」の追究と指導を

幼児教育の世界において、少しは安田式遊具とその指導法をご存知の方が増えてきたのでしょうか。今では、安田祐治先生の名前ぐらい知っているという方は少なくないと思います。とはいえ本書は、安田先生の功績や安田式遊具をすでに知っている方や幼児教育関係者のみならず、より多くの人に知ってもらいたいとの思いから発刊するものです。そこで本編に入る前に、安田先生のお人柄とその横顔、また安田式遊具について紹介させていただきます。

安田祐治先生は、1919年（大正8年）5月28日生まれ、京都丹後半島の網野町の出身です。

子供のころから体育が得意で、中学時代には器械体操の選手として何度も団体優勝をしています。当時、大学への進学は庄屋クラスの金持ちか、よほど秀才でなければ叶いませんでしたが、先生は「とくに教師になりたかったわけではないが、学費免除」というので、京都師範学校（現在の京都教育大学）に入学。小学校教師になってからも選手や監督として体操競技を続け、国体などでも優秀な成績を収めています。

小学校教師を20年ほどした後、京都市教育委員会の指導主事（14年間）を経て、校長として3校の小学校を歴任されています。

小学校教師になった当時は校庭に遊具などもない時代でしたから、校長の許可を得て学校林で木を切り出しては木製の遊具を手作りしたそうです。１９７２年（昭和47年）、初めて校長として赴任した当時の小学校は遊具の数が少なく、そのほとんどが体力強化のための訓練用、安全第一の公園用遊具でした。そこで安田先生は「教育における遊びの大切さ」を訴え、子供たちが「自らの発意で取り組み熱中できる遊具」の改良や考案をされ、学校での実践に長年尽力されました。薄給の教師時代でも身銭を切って世界の体育事情を視察するなど、体育遊びを徹底して研究されています。

退職後は「体育遊び研究会」を主宰し、教育者の指導にもあたりました。「母と子の体操教室」や大人も対象にした「体操教室」などを開き、週１日は短大で幼児体育の理論を講義。その間にも、ヨーロッパ体操の勉強会や、幼稚園・保育園の研修会にも駆け回っていたそうです。

こうした安田先生の活動は京都新聞には度々取り上げられていましたが、隣県（滋賀県）の私はまだ先生のことを知りません。熱中できる遊具を探し求めていたころ、京都新聞の記事を読んでいたら、回り道をせずに安田先生に辿り着いていたのではないかと思わずにはいられませんが、巡りあわせというのは面白いものです。

安田先生（2007年「世界体操祭」で熱心にメモ）

私がようやくお出会いできたとき、安田先生は75歳、私は50歳でした。

1995年、私が初めて安田先生とお出会いした日は、その後の私の人生をまさに180度一変させました。先生のご自宅の庭にある研究室でお話を聞き、研究を記録した8ミリ映像や600枚余りの遊具図面を見て、「これだ！」と直感したからです。

先生のお話のなかで、最も印象に残ったのは、「公園の遊具は安全第一で面白くないから子供が遊ばない」という極めて明快な論理です。私がそれまで売っていたのは公園用遊具であって、教育用遊具ではなかったのです。「なぜ子供たちが遊ばないのか」という長年の疑問が一気に氷解、安田式遊具を広めるのは、私の一生をかけた使命だと確信しました。

それから四半世紀、私は一人の弟子のように、親しく教えをいただいてきました。

安田先生は、80歳半ばで大病を患ってもダンベルや腕立て伏せで体力を維持しながら、2017年（平成29年）に98歳でお亡くなりになるまで、杖をつきながらも保育園や幼稚園を訪ねて指導されてきたのです。堅苦しい教育者というイメージはなく、頭は柔軟なのに信念の人、なおかつ情熱家でもありました。

80歳過ぎても筋トレで難病を克服

安田先生はその晩年、訪ねた園の先生方に「仙人みたい」とよく言われました。

各界のリーダーや歴史的人物の魅力を紹介する『致知』という月刊誌の「生涯現役」というシリーズ企画に、当時90歳だった先生の取材記事が掲載されました(２０１０年２月号)。関西弁でひょうひょうと答える安田先生の仙人ぶりの一端が覗えますので、記事の一部をそのまま紹介します。なお、( )内の文章は、取材記者の質問内容と私の補足説明です。

(引き締まった体におどろく記者)

特別なことは何もしておらんかったけど、5年前に家内が亡くなった後、突然病気になってから筋トレを始めたんです。

重症筋無力症といって国が指定する難病の一つですわ。俳優の萬屋錦之介もそうやったね。

(病気になったのは奥様を亡くされたショックもあったのでは？ 奥様は先生が

85歳の時にお亡くなりになられた）

直接病気と関係はないと思うけれどもね。死んだ者を生き返らすわけにもいかんしな。とにかく食べられないのは辛かった。体中の力が入らなくなって、飲めんし、食べられんし。ドロッとしたものをつくってもろうて2時間以上かかってちょびっとずつ喉を通すものだから、これはかなわんと思うとった。（医者に）「若い人は手術で治るけれども、前に75歳の人に手術したらうまくいかなかった」と言われたけど、神経内科の先生が、手術を勧めてくれたからお願いしたんです。

（手術は大変でしたか？）

手術はとくに大変なことはない。穴を7つ開けて内視鏡を入れて、肋骨と胸骨の間から胸腺という臓器を引っ張り出すだけやからね。1週間後に抜糸したら、「病院ですることは何もないから、もう帰ってくれ」と言うんや。入院前に3か月ほど、食事の世話になるために老人ホームに入っていたけど、世話が行き届き過ぎてかなわんので、ホームには戻らずにすぐ家に帰った。

（一人で食事の用意などは大変だったのでは？）

ミキサーを買ってきてドロドロしたものをこしらえて、2時間半ほどかけてちょっとずつ喉を通したわけや。何年かかるかなと思っておったら、2週間目に水がグッと飲めた。水が飲めるんやったら食べられるかなと思って、寿司を買ってきて食べたらうまいんや（笑）。それで2週間で普通食に変えたんです。病気の時は体もガリガリになったけど、いまは腕も、ほら。（力こぶを作ってみせる先生）

朝は大体5時に目を覚まして、寝床で亜鈴を持ち上げるんです。仰向けのまま足を少し上げて腹筋も鍛えながら、両手に3キロの亜鈴を持って、持ち上げる。前は１００回やったけど、いまは２００回。

それから腕立て伏せや首の運動をやって、外の仕事です。草取りはせんならんわ、畑はせんならんわ、（庭）木の枝は切らんならんわ、掃除もせんならん。その後炊事をして食べた、もう10時や。

（食事の準備もご自分でするのですか？）

自分でつくらなければ、誰がやるの（笑）。家内がやってくれてたものも全部一人でやってるから、仕事はいくらでもある。それから明日までにせんならん研究や図面書きをやるから、寝るのは夜中の1時、2時になる。

白紙の子供を育てる責任と使命

『致知』の記事にどんな感想を持たれましたか？　安田先生の楽観的ともいえる精神力、老いてなお前向きに生きる自助努力に感銘されたのではないでしょうか。

実は、私がこの記事をここで紹介したわけは、ただ単に先生の精神力のスゴサというだけでなく、幼児教育に対する情熱と執念の強さに驚嘆させられるからなのです。それがあるからこそ懸命に生きようとするわけです。

こうして振り返るだけでも当時の記憶が鮮やかに蘇ります。

私が、病院にお見舞いに行って、声が出なくなっていた安田先生と筆談しながら、ふと枕元を見ると、ダンベルが置いてあることに気づき驚きました。自ら病気を克服しようと努力されていたのです。

病から快復後、平均棒の試作品を試遊する安田先生

86歳の高齢にもかかわらず手術し、成功しました。1週間で早々に退院されたことに驚きながら自宅にお見舞いに行くと、庭に出て「庭の面倒を見たらなあかんから、気になって寝てられないわ」と、庭の芝生に座り込んで雑草取りをしていました。シャツ1枚の下にはあばら骨が見えるほど痩せこけて、まるで写真でみたガンジーのようで、思わず涙が出ました。家の中に通されると、机の上に置かれていたのはダンベルと握力計でした。ダンベルを使っての筋トレ運動と、握力計で回復を確認するためでした。

それ以来、外泊旅行したときにもリュックの中にダンベルを入れていく徹底ぶりで、同室の部屋に泊って、朝目覚めて隣の安田先生を見ると、もうダンベル体操を独自の号令で始めているのでした。

先生が最愛の奥様を亡くされたのは86歳のときで、しかも重症筋無力症という難病です。不自由なからだと孤独感で挫けてしまってもおかしくありません。ところがそこから10年以上がんばって私たちに「安田メソッド」という貴重な財産を伝え残してくれたのです。今年75歳を迎える私は、改めて安田先生の愛と情熱のエネルギーに圧倒されるのです。そして、その姿をすぐ近くで感じることができた晩年に感謝せずにはいられません。

写真でご覧のとおり、安田先生は厳しい指導のなかでも大らかな笑顔を絶やさず、色紙に揮毫を頼まれると、「楽しいからこそ熱中し自ら育つ」、あるいは「悩むなら笑おう」などと書いて喜ばれていました。

「人間には一生のうち逢うべき人には必ず逢える。しかも一瞬早すぎず一瞬遅すぎずに」（森信三）

私はこの言葉が大好きで、講演をするときによく引用させてもらいます。ある日、安田先生と森信三先生のことが話題になって、私はこう言いました。

「幼児期は、からだや脳だけでなく心も白紙ですから、私はこの仕事にやりがいと責任を感じます。安田先生に出会えたことは、まさに一瞬早すぎず一瞬遅すぎない運命だったとつくづく思います」

すると先生は少しテレたように笑いながら答えられました。

「吉川君、わしにしても同じこっちゃ。あんたに出会っていなかったら安田式遊具はここまで広まらなかったのは確かやし。わしが死んだらこの遊具は終わっていたやろ。それにしても白紙の子供を育てるいうのはやりがいあるが、責任重大なことや。技と情熱を伴ったプロの職人指導者をもっと数多く育てにゃいかんな」

そんな会話を何度となく交わしたことを昨日のように思い出します。

仙人のように慕われて

直接指導を受けた先生方には「まるで仙人のよう」と敬愛され、数多くの感謝の言葉が『輝け！命』（エール株式会社発行、Ａ４判・１７２ページ）に寄せられています。

２０１５年1月にエールから発行したこの本は、安田先生が95歳の誕生日を迎えるにあたり、安田式遊具を導入していただいている全国の園に呼びかけて寄稿いただいた記念誌です。全国各地の56名の先生方から熱いメッセージが寄せられましたが、まず私の心友の画家ブライアンの声と、園の先生お二人の喜びと感謝の声を紹介させていただきます。（全文を紹介できませんので略しています。以下同様）

◆子供の心を失わない、生き方の大先生

「目が生きている」それがまず最初の印象。加えてクリアーな笑い顔。固い口元の人が多い時代に、珍しく笑いながら人生を歩んでいる人。白いひげ、光っている目、笑い顔!!!　安田先生はまるで仙人みたいな人。吉川社長に太秦の先生のご自宅に連れて行ってもらい紹介された時の強烈な第一印象であった。

最初から、普通の人ではないと感じていたが、付き合っていくほど、どれほどすごい人であるか益々見えて来た。大人でありながら、子供の心も失われていない（これは難しい事）。何にでも興味しんしん（とっても大事な事）。それが出来る人の人生に退屈はない。良いですねえ！　先生の常に明るい性格の秘密は身体作りからであると思う。この点でも、生き方の大先生である。何歳になっても、どんな病気を抱えても、「筋トレ」を絶対し続ける。そのおかげで、明るく、楽しく95歳にも達しておられる。それと、その体育教育は大きな社会の貢献にも繋がってきている。教育は頭だけではない！　と言う事が彼の体育教育の神髄で、貴重なライフレッス

ンになっている。身体にも教育しなければならない。先生の高齢でありながら明るい性格に接して、又一方、安田式遊具できゃっきゃっ歓声を挙げながら素晴らしい技を見せてくれている幼児に対面して、身体への教育がどれだけ大事であるか理解できる。安田先生のこのところが僕にとって一番感動するのである。

（大津市　画家ブライアン・ウイリアムズ）

フレーザー幼稚園

「体育あそび研究所」は安田先生の自宅に置かれていたので、大学の先生や園の先生方がよく相談に来られていました。私も囲炉裏のある研究室で夜がふけるのも忘れて安田先生と囲炉裏談議に花咲かせたことを懐かしく思い出します。

次に紹介するのは、広島市のフレーザー幼稚園・手塚園長先生の言葉です。

◆子供への愛情が注ぎ込まれた遊具設計図

今から14年前、幼稚園の園庭遊具の老朽化に伴い新しい遊具を探していました。安田先生のお宅にも伺い、先生のお話を伺うことが出来ました。先生が入れてくださったおいしいお茶とお菓子。それだけでも幸せでしたが、こどもの話になると素敵な笑顔がもっと素敵になる安田先生。こどもの内にもつ力を信じて疑わない先生の一言一言には、こどもの発達について、専門的な知識がちりばめられて説得力がありました。子どもにとって、人が生きていくことについて大切なことには、一歩も譲らないはっきりとした「ノー」は気持ちいい位に心の中に落ちていきました。

こどもの限りない可能性、未来を自分のことのように楽しみとし、喜びを持って語る先生がとても素敵で、先生に学んだ教え子はどんなに幸せだっただろうかと、想像している自分がありました。それぞれの園にあわせて、また、こどもの動きを見て気づいたことを書き加えて作られた設計図の枚数の多さに驚きました。常に、こどもから発信される目に見えない声に、心を傾けて描かれた設計図の1枚1枚にこどもへの愛情が注ぎ込まれていました。

生活が過干渉に蝕まれ、育ちがゆがめられていることに心痛めていた私たちにとって、先生は、こどもがこども時代に育とうとする「時」を守ってくださる、最高の味方であると確信しました。

（広島市　フレーザー幼稚園・園長　手塚由美子）

「ダメなことはダメ」と安田先生ははっきり言われました。それで現場で悩んでおられる先生方の迷いは霧が晴れたようにふっきれたのです。次に紹介する声は熊本県の福本保育園・理事長先生の声です。

福本保育園ジャングラミング

◆杖をついた仙人が、いきなり逆上がり

安田先生が研修の合間に、やっと我が園に足を運んでくださったのは、最初の出会いから3年程経ってからです。職員は安田先生とはどういう方だろうかと興味津々でお迎えしました。

杖をついて車から降りられるお姿は、白い長いひげ、その動作から、昔話に出てくる仙人のように映りました。園への階段を一段一段、ゆっくりと歩かれ、玄関に一歩踏み出そうとされた瞬間、その覚束ない足どりから一変し、杖をポンと放り投げ、背筋をシャンと伸ばし颯爽と歩き始められた姿に驚愕したものです。

園児が安田式遊具で思い思いに遊びに興じていた時、安田先生が杖を置き鉄棒の前に立たれました。子ども達は、何が始まるのかと集まってきて、「鉄棒ができるの？」と不安げな表情です。クルリと逆上がりをされた瞬間、「すごい」「わあー」という歓声がおこりました。先生のお年からは想像もつかないすごさを見せていただきました。

その後、安田先生、吉川社長を阿蘇路にご案内しました。

（熊本県菊池市　福本保育園・理事長　塚本美津代）

最晩年の安田先生の姿が目に浮かぶようですが、私が先生と出会ったときは75歳、もちろんもっとバイタリティにあふれていました。今ほど安田メソッドを普及するスタッフがいなかった当時、安田先生と一緒に全国の園を精力的に回らせていただき、子供たちの目の輝きや園の先生方の反応に触れることができたのは、とても貴重な学びの時間でした。現在は、安田先生のメソッドを直伝したエールのスタッフが中心となって全国の園へ指導研修に飛び回っています。

安田式遊具の特徴と利点

安田先生の晩年の素顔をご紹介したところで、安田式遊具とはいったいどういうものか、その概要をご説明します。まず特徴を簡単に説明し、具体的にイメージしてもらうために、またいくつか園の声を紹介しましょう。

安田式遊具の特徴は次の4点です。
①移動式……遊具は固定したものという概念をなくした。屋内外の場所を選ばない。
②抜群の安定感……可動式であるのに安定した遊具。耐久性抜群の鉄（パイプ）の厚さや塗装。
③遊びたくなる設計……パイプの太さ、枠の幅や長さなどに工夫を凝らし子供を夢中にさせる設計。子供の発育段階に応じた幾種もの設計。
④鮮やかな原色……識別しやすい原色で、安全性の確保、活動の意欲を高めるなどの効果。
この4つの特徴についてもおいおい説明していきますが、安田式遊具は売りっぱなしではなく、導入時に安田式体育遊び指導法に基づいてエールのスタッフが遊具を使って指導研修を行っていることも他のメーカーにはない特徴・利点の1つです。

では実際にどのように使われて喜ばれているのか、その事例として「移動式」という利点の例を紹介します。最初に紹介するのは、深刻な状況のなか、安田式遊具のおかげで元気を取り戻したという福島県の事例です。

あの東日本大震災は原発事故を引き起こし、福島県内には放射性物質を恐れ、子供の遊び場も失った園が数多くありました。福島県の「なこそ幼稚園」では、安田式遊具を導入することで子供たちは以前に増して運動遊びが活発になったということです。

◆運動遊びに飢えた子供たちが「燃える集団」に

一昨年（２０１２年）の運動会で走る園児達を見て、私は愕然とした。走る姿が老人のようになってしまっている。赤ちゃんのようなよたよた歩きの子もいる。元気いっぱい、エネルギーの塊で、走れば弾丸みたいに飛んでいくはずの園児が……。これではこの子ども達の体が、生活が、未来がどうなってしまうかわからない。途方もない不安に駆られ、運動会の後、「何かしなくては……」という焦りだけを感じていた。

雲梯　２列振り渡り

私どもなこそ幼稚園では、保護者の協力もあり、市内でも一番早く園庭の除染を完了させ、砂場の砂を入れ替え、芝生をはぎ取って交換するなどの対策を行い、園児の外遊びの環境を整えた。除染前の園庭の放射線量は0.6μＳＶほどあったが、除染後は10分の１程度になり、園児の生活環境は安心レベルになったかと胸をなでおろした。

しかし、実際に園児を外に出して運動させたり、遊ばせたりすることについては、園長も職員も踏み切る勇気はなかった。保護者もそうであったと思う。

それから1年、放射線への恐怖も少しずつ和らぎ、園児の生活も元に戻ってはきたが、運動遊びを行う環境に関しては震災前のようにはならなかった。以前は園外保育でよく出かけて走り回った芝生の公園は除染対象外ということで行くのがはばかられ、津波への用心から海岸での砂遊びもできない。落ち葉ひろいなどの山歩きもできない。

鉄棒・雲梯などを年齢別にそろえ、見よう見まねで始まった安田式運動遊びであったが、よたよたしていた子ども達が徐々に変わり始めた。朝、バスを降りて昇降口まで園庭を横切るのだが、だるそうに歩いていた子ども達が、バスを降りてから全力疾走するようになった。運動遊びの後はエネルギーが発散されるせいか、落ち着いて担任の話を聞くことができるようになった。

朝登園したらその場でカバンを置いて1回鉄棒にぶら下がるというルールの「おはよう鉄棒」をスタート、男性職員が担当することになって楽しい登園風景が出現した。間もなく、年長の1人の園児が逆上がりを成功させた。大拍手だ！　それを見ていた数人が次々と成功させた。連続で回る子も現れた。担任が驚いた。

「園長先生、本当にできるんですね！」

安田式運動遊びに取り組み、「きっとできるぞ」という根拠のない自身が確信に変

雲梯　仲良し雲渡り

わった瞬間であった。４月に遊具が納入されてから、わずか２カ月である。

子ども達は運動遊びを求めていた。綿が水を吸う如く、運動遊びに飢えた子ども達が「燃える集団」となって安田式にのめりこんだのである。

（福島県いわき市　なこそ幼稚園・園長　中野育正）


なこそ幼稚園のような事例の声は他にもいくつか寄せられています。嬉しい報告ではありますが、こうした災害が二度と起こらないことを祈るばかりです。

移動式の利点とともに「安田式指導法」についてもう一つ要約して紹介します。

◆移動式の便利さ、遊びの指導者がいることにも驚き
当園で安田式の鉄棒を１セット購入したのが２００６年です。園庭を有効に使いたく移動式の遊具を取り入れました。固定式の鉄棒に比べ移動式の安田式鉄棒で、鉄棒遊びの環境

杉の子保育園　雲梯

設定が格段にしやすくなりました。春夏秋冬、子どもたちの成長、保育園の行事に合わせて移動して外にも中にも使えて、本当に便利です。

　運動会の競技に鉄棒レース（くぐる、前回り等）を取り入れられるのも移動式の鉄棒ならではの醍醐味です。鉄棒がより身近になった子どもたちは、鉄棒での遊びが格段に増え上達しました。そのことにより子どもたちの体の成長に良い効果が生まれたことは、言うまでもありません。

　次の年、安田式の雲梯を購入しました。年長児のお部屋のすぐそばに設置したのですが、冬は屋根からの落雪の為、移動して傷まないように保管できます。望むなら園舎内に置くこともできます。移動式の遊具は、これまでの固定遊具の概念を大きく変えるものでした。

　限られた空間を有効に活用するためには、移動できるという手段は、とても重要なことだと気づかされました。子どもたちが年間を通して、鉄棒で色々と遊べるためには、子どもたちのそばに、遊びやすいところに、鉄棒があるべきだったのです。

　遊びやすい場所は、季節やその時の状況によって変わります。また、年間の保育活動計画にも年齢ごとに継続的に取り入れ、個々の子どもたちの発達に応じて指導でき、課題を達することで、子どもが自分に自信が持て、自己肯定感が育まれていく様子を見るのは、保育士の醍醐味です。

プラス、安田式遊具を購入して驚いたのは、遊びの指導者がいることです。園庭の大型遊具、その一つひとつを安全に遊ぶためのルールは、もちろんありましたが、その遊具で上手に遊ぶための指導方法については、無かったに等しかったです。それが、指導者の方が来てくれて子どもたちに遊び方の指導をしてくれました。一番刺激を受けるのは、保育士です。鉄棒をどうやって保育に取り入れるか等、たくさんのヒントをもらいました。

（岩手県八幡平市　杉の子保育園・園長　遠藤武敬）

いかがでしょうか？　安田祐治先生のお人柄と安田式遊具との概要はおよそご理解いただけたのではないでしょうか。「安田式指導法」の実際については、本編の各章で述べさせていただきます。

第2章

安田式遊具とその指導法に魅せられて

稀代の教育者にして
安田式遊具とその指導法の考案者
安田祐治先生に出会ったのは
運命的な必然だった
著作権も取得した今
子供の健やかな成長のために
国内はもとより海外まで広めることが
私に与えられた天命である

吉川　静雄

子供の健やかな成長のために

「はしがき」で述べたように、安田式遊具とその指導法は２０１７年の10月、アメリカで著作権を取得しています。著作権の申請書類の冒頭には、安田式遊具と指導法を総称して「安田メソッド」と書いています。以降、「安田メソッド」という場合、安田式遊具と指導法は不離一体の意味であることをご承知ください。

安田メソッドは、指導法と遊具が一体となったものであり、その第一の目的は体力増強や技能向上ではなく、体育遊びを通しての人間形成と脳や全身の機能器官を育むことです。

安田祐治先生が、75年以上にわたり実践研究を積み重ねられた、１０００以上の体育遊び指導案の存在する指導法です。小学校体育の実践研究を続けるなかで、小学生だけではなく幼児期から楽しい体育活動を行う必要性と効果を実感された安田先生は、『体育遊び・運動遊び』というジャンルの実践研究をも積み重ね、体育の幼小連携を提唱された体育遊びの第一人者です。

常にその時代の子供が熱中できる体育指導案を研究し、人的環境（先生の指導力）

と物的環境（体育遊具）の両輪を整える事により、楽しい遊びで脳と身体を刺激し、心身共に育むことをねらいとする指導法を確立し、数々の遊具を考案設計されました。考案された数々の遊具は、仲間と一緒に体感でき、繰り返し楽しめる様に構成されています。それにより、誰もがすぐに楽しめる初歩的な運動遊びから、仲間と一緒に段階的に楽しめる発展性のある遊びへと展開し、互いに共感し熱中出来る環境が整えられます。

待ち時間が少なく何度も繰り返し楽しみ、互いに共感し合うことで、認められ褒められる回数も自然と増えます。成功体験と自己肯定感が積み重なり、より高度な遊びや技へ挑戦する意欲も一層高まります。（略）

この著作権の申請書類には、開発の記録から遊具の特徴、指導法とその効用までを説明し、Ａ４用紙16ページにまとめています。それを英語に訳し、遊具の設計図や実物写真、パンフレットなどを加えると7、8センチの厚みになりました。

子供の体育遊具にある程度の知識や関心のある方からは、申請書類の冒頭の短い文章を読んだだけで「これはスゴイですね」という応えが返ってきます。嬉しいことですが、安田メソッドの普及にあたって大事なことは、保育園・幼稚園・小学校などの先生方ばかりでなく、子供の親御さんをはじめ広く世間一般に知っていただくことです。

「地域や家庭、教育施設が三位一体となってこそ、子供たちを逞しく心身ともに健やかに育むことができる」

そう言われていた安田先生の言葉を思い出すにつけ、その言葉の重みをひしひしと感じる今日この頃です。

「三方良し」の仕事を求めて

私事で恐縮ですが、ここで私の履歴を簡単に述べさせていただきます。

私は、1944年（昭和19年）9月20日、近江商人発祥の地、滋賀県八日市市（現・東近江市）で生まれました。海軍軍人であった私の父は、誕生のわずか40日前の8月10日、大宮島（現・グアム島）で戦死しました。もちろん戦死が母に知らされたのは終戦後間もなくのことで、私は父の顔を写真でしか知りません。

母一人子一人、母の実家で育ち、10歳（小学5年生）のときから牛乳配達や農作業などをして家計を助けながら高校を卒業しました。どうしても大学に進学したくて官庁に勤め、立命館大学Ⅱ部（夜間）の法学部に入学します。2回生が終わる少し前、昼間部への転部試験を受けて合格し官庁を退職、3、4回生のときは昼間の大学生活を送りました。

そして大学を卒業後は、5年間で3回転職しています。

私は幼少期からずっと親類筋（母の実家）で生活をしてきたので、母のためにもマイホームを早く持ちたいというのが夢でした。いくら頑張ってもマイホームを持つまでには40、50歳になってしまうと思い、早々に見切りをつけたのが転職した主たる理由です。

大学の先輩に勧められるまま、3回目の転職先となった生命保険会社では、高給を手にすることができました。出世とお金を追い求めてがむしゃらに働いた結果、普通のサラリーマンの5、6倍の年収を得て、建売の家をローンで購入することができました。しかしその一方で、何か大切なものが失われていくような虚しさが心を占めるようになっていました。

近江商人の伝統として「三方良し」という有名な言葉があります。「売り手良し、買い手良し、世間良し」という意味で、考えてみれば当然のことなのですが、現実社会を見回すと、なかなかそうした仕事はないものです。何とか三方良しでやりがいのある仕事を探そうと念じていたある日、新聞に学研代理店の募集記事が載っていました。

「これだ！　幼児教育だ。日本の子供たちの未来を輝いたものにしたい」

1972年の春、責任あるポストにあった生命保険会社を辞職して、幼児教育の会社ヨシカワ図書（現・有限会社ヨシカワ商事）を創業しました。当時27歳、ちょうど父が戦死した年齢でした。無念な想いで戦死したであろう父の希望や夢を、何とか実現したい。私はそういう想いもあって、27歳という年に区切りをつけたのです。

食の大切さに目覚める

意気揚々と創業したものの、1年も経たないうちに痛風を患ってしまいました。足先に激痛が走りまともに動けなくなったのです。当時の日本で痛風は珍しかったようで、私は京都大学病院での痛風外来の「第1号患者」ということでした。

「薬を飲み続けなければ40代で糖尿病、最後は人工透析をうけるしかなくなり、長生きできない」

医師からそう忠告され、薬物（ザイロリック等）治療を始めました。痛風は当時、西洋では帝王病と言われ、金持ちの贅沢病とも言われましたが、私はそんな贅沢をした覚えはありません。

薬を飲み続けていたある日、飼い犬が体調の悪いとき、散歩途中に草を選びながら食べて自ら治すのを見て感動しました。犬も人間も哺乳動物、食が原因の病気なら食で治すべきではないのか？　そうだ！　自分の病気は自分で治すしかないと、飼い犬が教えてくれたのです。

人のからだは食べ物で出来ている。ならば、普段の食を見直し、食で病気を克服するのが本当ではないのかと考え、桜沢如一の食養（マクロビオティック）を勉強し、大阪の正食協会の料理教室に通い、玄米食と水飲み健康法で根気よく治していったのです。痛風を克服したことで改めて食の大切さに目覚め、日本総合医学会にも入り「食養リーダー」の資格を取るなど、今も病気にならない生き方を学んでいます。

「これからの幼児教育は、知育・徳育・体育よりも食育が先」

明治の偉人と言われた村井弦斎の言葉（書籍『食道楽』）にも出会い、断食も体験し、園の先生方に食の大切さを伝え続けているうちに、いつしか「子供と食」の講演を依頼されるようになりました。

食品添加物の害のことや、柔らかい食べ物が増えたことで咀嚼回数が減り、その結果、鼻呼吸ではなく口呼吸する子供が増え、歯からも滅びていくと訴え、それを少しでも解決しようと、今日、ヨシカワ商事では保育園の給食のおやつには、かみごたえのある無添加のお菓子を取り扱うようになっています。

また、幼児教育という大事な期間に、学研だけの書籍だけではなく、ホンモノでオリジナルな良書（絵本など）を提供したいと思い、１９８６年には「よしかわ書房」を開業しました。

私自身、読書によって考え方や生き方の多くを学んできましたし、幼児教育は「食育・環境」とともに「知育」が何よりも重要だと思っていたからです。

そんな私を子供の遊具研究に目覚めさせることになったのは、ある保育園の園長の一言でした。ヨシカワ商事の創業から十数年たった頃です。

園長先生の一言にショック

「吉川さん、食育も大事だけれど、最近、子供たちが屋外遊具であまり遊ばなくなったのよ。ファミコンや車が普及し、あまり外で遊ばないのでお腹もすかなくなってしまった。もっと熱中して遊ぶ遊具はないのかなあ……」

ある日、滋賀県高島郡にある保育園の園長先生から言われたこの言葉に私は大きなショックを受けました。

私は長年、学研の代理店（ヨシカワ商事）として保育園や幼稚園に備品や教材、運動用品などを納めてきました。学研の総合カタログには、園が必要とするありとあらゆる用品があり、屋外遊具も揃えています。ブランコ、滑り台、鉄棒、ジャングルジムなど、楽しそうでかわいらしい屋外遊具です。

私は何の疑問もなく、それらの遊具も注文に応じて販売してきたのですが、当時は子供たちの低体温やアトピーなども大きな社会問題になっていたことから、園を訪問した際に私はよく食育の大切さを園長や先生方に話していました。その頃はまだマクロビオティックはあまり知られていなかったこともあり、みなさんは真剣に興味深く耳を傾けてくれたのです。また私は、合成界面活性剤不使用の「粉石けん使用運動」もしていたので、自治会や婦人会からの要請で「食育と環境」をテーマとした講演活動も続けていました。

園長はそういう私の活動を知っていたうえで、食育と環境も大事だけれど、子供たちが屋外遊具で遊ばないことのほうが深刻だと言ったのです。

園長の言う屋外遊具というのは、いわゆる「公園用遊具」のことです。安田先生が考案・設計した「安田式遊具」とは根本的に異なります。もちろんその当時の私は、安田先生のことも教育用遊具の存在さえ知りません。

しかし学研代理店として高価な屋外遊具を販売してきた手前、「子供が遊ばない」ことに対しての責任と疑問を覚えたのです。大きなショックを受けた私は、あちこちの園で子供たちが屋外遊具で遊ぶ様子を注意して観察するようになりました。確かに園長が言われたとおりでした。

「もっと熱中して遊ぶ遊具はないのかなあ……」園長の言葉が私の頭の中にこびりつき、「幻の遊具」探しが始まり、国内だけでなくヨーロッパやアメリカも見て回りましたが、そんな遊具はどこにもありません。

それから数年後のことでした。元園長先生で当時教育委員会におられた中井清津子先生に、大津市役所の廊下でばったり出会い、近況報告をしたところ、こう言われました。

「京都に、体育あそび研究会を主宰されている安田祐治先生がおられますよ。私もこれに参加していますから訊ねてみます。ひょっとしたら解決策が見つかるかもしれません」

そのとき私は、その研究会に参加したいとお願いしたのですが、その翌日、「保育士や教師が集まった学究的な研究会なので、業者は参加できないそうです」と中井先生からの電話がありました。「業者」を入れると商売的になりかねないという警戒感があったのかもしれません。

幻の遊具を求めて

遊具って何だろう？　自分達の子供の頃にはほとんどなかったのに、この時代に何の目的をもって各園に導入されるのだろう？

遊具って、子供のどのような能力を身につけるためにできたのだろう？

ヨーロッパの木製遊具って見た目はきれいだけど、子供がいきいき遊んでいないように感じるのはなぜだろう？

登り棒って楽しいのかな？

どの園にもあるジャングルジムって狭くて子供たちが窮屈そうであまり中で遊んでい

るのを見かけないけれど、なぜそのような設計になっているのだろう？

昔はブランコから跳んで遊んだのにいつからか柵がしてある。面白さや楽しさが半減するのに、なぜそのような遊びを楽しんできた大人が柵をするのだろう？

安全って何だろう？

どうすれば子供に安全能力を身につけさせることができるのか。安全な遊具で、子供は群れて楽しく熱中して遊ぶだろうか？

などと、「熱中して遊ぶ遊具探し」をスタートしたものの、その答えが見つからないなかで、既存の遊具に対する疑問が次から次へと湧いてきました。

以下は、こうした疑問を「著作権の申請書」に記載した内容の一部です。


それにしてもなぜ、公園用遊具は楽しく熱中して群れて遊ばないにもかかわらず、全国に普及していったのだろう？　世界中で子供の遊ぶ玩具には、世界おもちゃショーがあり、グッドトイ賞もあるのに、世界遊具ショーが無いのはなぜだろう？

大人が納得してモノを買おうとする時、家なら展示場（モデルハウス）に出かけ、現物を比較・検討して決める。車なら試乗、服なら試着して買う。そういえば、どこの園でも園長や理事長は、新たな園舎を建てようとする時には数カ所の園舎を見学し、設計士にもいろいろと相談して決めている。にもかかわらず遊具を買う時、他園の遊具を見てまわり、実際、子供達の遊んでいるところを見て買おうとしないのだろうか？　大多数の遊具メーカーは、遊具が大きすぎて現物を持って営業にまわれないし、展示場もないから全てカタログで販売している。一千万円以上する高額な遊具でさえ、カタログだけで販売できるという市場にも疑問を感じました。

全ての商品は、購入者と使用者が同一なのに、遊具は購入者（園長先生）と使用者（子供）が別だという、極めてまれな商品だということにも気がつきました。したがって購入者はその遊具で遊ばないし、使用するのは幼い子供たちなので、子供たちが楽しくないと不満があっても、それを伝えることはできない。だから売れ続けていくのです。

（以上、「著作権の申請書」に記載）

私は、このような疑問を抱えながら、あちこちの園や公園の遊具を見て回り、海外出張のおりにも機会あるごとに探索しました。そして7年があっという間に過ぎていたのです。

海外でも遊具の事情は同じだった

しかし安田先生と出会うまで、幻の遊具を探し求めていた7年間は大切な充電期間であったと、いまにして思うのです。

食育と環境をテーマに仕事を続けながらも、ヨシカワ商事の取引先との商談（キシリトールガム、ストッケ社の椅子、ハーレー浄水器など）などで海外へ出るとかならず公園や幼稚園などを見学してまわりました。

ドイツやイギリス、デンマーク、フィンランド、ノルウェーなどヨーロッパの国々が主ですが、アメリカに行ったときも事情は同じでした。すなわち、大人の指導や監視なしで子供たちだけでわいわい遊びまわる光景はどこにも見られなかったのです。

私たちの世代はまだ自然環境が多く残されていたので、遊具などなくても野山で日が暮れるまで飛び跳ねて遊んだものですが、都会のジャングルといわれる環境のなかでは、そういう光景はほとんど見られなくなりました。そこに登場したのが公園の屋外遊具です。今では自然が豊かなはずの田舎に行っても公園用遊具が見られます。海外視察で見た光景も五十歩百歩でした。

公園用遊具とは何かと一言でいえば、「デザインと安心安全」です。大人がそばで見ていなくても、子供たちがケガをしたりしない安全性、大人にとっては安心性ということです。安田先生の遊具理論からすれば、「ある程度の危険性がないから、子供はおもしろがらない、だから遊ばない」ということですが、公園用遊具のある現場をたくさん見てまわりながらも、私はまだそのシンプルな遊具理論に思い至りませんでした。それも当然のことで、安田式遊具が子供たちにとっていかにおもしろく刺激的なものであるかということは、実際その現場を見ないことには、頭だけでは理解しにくいのです。のちに詳しく見ていきますが、安心安全を最優先する大人は、「ある程度の危険性がある遊具」というだけで、実際見ることも敬遠してしまうからです。

公園用遊具はヨーロッパのほうが先進国のはずです。それでも子供たちが喜々として遊具で遊ぶ光景が見られなかったことから、私はやはり国内で探すしかないと思い改めました。

江戸時代後期や明治期に日本を訪れた外国人の多くが、

——世界中を探しても日本人ほど子供を愛する民族はないと、まったく同じような感想を紀行文などに残しています。

ラザフォード・オールコック初代駐日英国公使　１８５９年（安政６年）来日

「日本はまさしくここは子供の楽園だ」

ゲルト・ネットー東京大学教授　１８７７年（明治10年）来日、ドイツ人

「日本ほど子供が下層社会の子供さえ注意深く取り扱われている国は少ない」

イサベラ・バード英国の女性旅行家・探検家は１８７８年（明治11年）来日、東北・

北海道・関西方面を訪ね、『日本奥地紀行』のなかで、「私は、日本ほど子供を可愛がる人々を見たことがない」と書いています。

昔読んだそんな本の記憶も蘇ってきました。ならば日本にこそ子供のための屋外遊具があるはずだと……。

阪神淡路大震災が起きた1995年の秋、こうなったらやはり安田先生の「体育遊び研究会」に何とかしてアプローチしようと思い立ちました。

「よしかわ書房の吉川と申します」と安田先生に直接電話して、近いうちに講習会があれば参加したいのですが、と尋ねてみたのです。安田先生に出会いたいというのが私の目的でしたが、先生は出版社の取材と勘違いされたらしく、「近いうち大津市内の幼稚園で講演をしますからそこに来てください」と、あっさりと許諾いただけました。

その講演会では、体育遊具を使った子供の指導法についていろいろ語られていましたが、遊具にそんな緻密な指導法があるとは新鮮な驚きでした。遊具（ハード）と指導法（ソフト）は不離一体のものであるということを、私はその時初めて知ったのです。

安田先生の講習会後、ご自宅まで車で送らせてくださいとお願いし、車中では遊具に対する積年の思いを語りました。私の思いが通じたのか、自宅に着くと先生は、「こんな熱心な業者は初めてや。まぁ、上がりなさい」と言われ、自宅庭にある山小屋のような研究所にも案内されました。

そこでは安田先生が考案された遊具の設計図や模型、記録映画、そして小学校や幼稚園から先生に贈られた数々の感謝状など、50年にわたる研究成果を拝見することができました。研究室の中は、まさに「おもしろい体育遊具」の宝庫・小宇宙でした。しかもこの日に聞いた指導法に裏打ちされた遊具模型であることに、私は大感動し、目からウロコが落ちました。

厳しい環境だから生まれた

「人間は一生のうち逢うべき人には必ず逢える」という森信三先生の言葉どおり、安田先生との出会いは、まさに〝奇跡の出会い〟でした。

安田先生に出会う前、私は先生のキャリアと実績についてはほとんど知りませんでしたが、出会った瞬間、これは本物だと確信し、その日のうちに先生の自宅と、庭にある研究室に入ることができたのは、互いに意気投合するところもあったからだと思います。年齢こそ25歳の開きはあるけれど、失礼ながら私は志を同じくする同志に出会えた気持ちでした。私も学校の先生になろうと思っていた時期があったので、子供に対する熱い思いは共通しています。

「私は大正の生まれだからよくわかるけれども、日本人の生活が本当に文化的になったのは戦後ですよ。戦前はね、田舎は江戸時代とあまり変わらん生活をしとった」と安田先生も語っておられるように、先生が生まれた村も電気はわずかながら生活灯が1軒に1灯ある程度、水道もない時代だから毎日井戸へ水を汲みに行った、しかも冬でも素足の生活だったそうです。

私も戦前の1944年（昭和19年）生まれですが、滋賀県の片田舎・中野村（現・東近江市中野町）には、1913年（大正2年）に湖南鉄道が敷設され機関車が走っていましたから、安田先生の故郷とは比べものにならないほど文明化していました。しかし父が戦死して一人っ子の母子家庭に育った私は小学5年生のときから牛乳配達をして、自転車で雪道を走るなどの辛い思いをしたので安田先生の原体験はよく理解できます。そういう厳しい環境だからこそ、体も心も鍛えられるわけです。

安田先生は80歳をすぎても真冬にシャツ1、2枚でも平気でした。私はそこまでタフではないけれど、20代後半に痛風を患ってから食生活の改善で克服し、病気らしい病気はほとんどしていません。また、少年時代の牛乳配達や、日が昇る前から1時間ほどの散歩を30年以上続けている運動のおかげかと思います。人間も自然界の動物であり、厳

若き日の安田先生

しいなら厳しいなりに適応するのが生物の本能ですから、冷暖房完備の生活で心身共に軟弱になるのも道理というものでしょう。

環境に適応する生物の本能については、体育遊具についても当てはまるテーマなので、のちにまた考えていくとして、安田先生が体育遊具をつくるようになったきっかけも、その元を辿れば自分の家庭環境と自然環境からでした。

「昔は私のような田舎の子は、よっぽど裕福で勉強ができなければ中学までいこうとは考えなかった。ただ師範学校は授業料が要らんし学費もくれると、先に入った兄から勧められて１９３４年（昭和９年）に私も入ったけれども、そこは教員になるための学校だから、一所懸命勉強して、出身の丹後の小学校の教員になったんです。小学校だから、全部の教科を教えながら、とくに体育を余分に研究したわけでね」

そのように語る安田先生が、最初に赴任した小学校は豊かな自然に囲まれていたけれど体育遊具などはなかった。そこで熱血教師だった安田先生は自分でそれを作りはじめたのです。

学校林の木を5、6本くださいと校長に頼んだところ、2年間の実績を認めた校長から「よし、やるわい」と許可されます。そこで安田先生は、男の子たちを連れて学校林へ行き、松の木を伐って製材所で割ってもらい、平行棒やら滑り台などをいっぱい作ったということです。それが安田先生考案の遊具誕生の始まりでしたが、学校の教師が自ら遊具を作るという発想自体、おそらく全国の学校を見回しても皆無ではないでしょうか。たとえ似たような事例があったとしても、何十年も体育遊具を研究し、その設計図を画き、その縮小設計モデルも作ったりした先生は絶無のはずです。

私は初めて見た６００枚もの設計図やその模型に圧倒されながら、一人でコツコツと何十年も続けてこられた情熱と信念に頭が下がるばかりでした。

脳科学に合致した安田メソッド

安田先生が考案した体育遊具と指導法の優れた点、素晴らしいところは、すべてが実践経験を土台に考案・設計を繰り返されていることです。子供の背丈や体力、運動能力の違いはもちろんのこと、積極的な子や引っ込み思案な子、劣等感や恐怖心、集団行動のときの心理なども計算されて設計されているのです。

その具体的な内容については後章で詳しく述べますが、安田メソッドは、「運動を通じて脳神経は発達する」という現代の脳科学理論にも合致していることは言うまでもありません。

私たちが人類の進歩発展に思いを巡らすとき、脳の役割がとてつもなく大きかったことは自明の理です。しかし脳だけが単独で働いたわけではなく、知恵と体力、精神力、そして周りの多くの人たちとの協力もあって、厳しい自然を克服し、命の危険を含めたさまざまな困難を乗り越えて今日の文明があるわけです。仮にこの世界が、働かずとも衣食住が与えられ、生命の危険もなく、克服すべきものが何もないところであったなら、どうなっていたことでしょう。知恵をしぼることもなく、努力することもなく、身体を駆使することもなかったら、おそらく人の脳は発達せず科学の発展もなかったはずです。

脳科学の理論からみて、子供の遊び（遊具）についても同様のことが言えます。子供が群がって、楽しく夢中になって遊ぶ遊具というのは、頭を使って工夫したり、体力の限りチャレンジしたくなったり、退屈させないおもしろさがあります。これらこそが、子供の脳とからだの神経を発達させるということが、現代の脳科学でも立証されているのです。

では、夢中になって遊びたくなる遊具において、欠かせない条件とはいったい何でしょうか。それは、子供の発達に応じたある程度のリスク（冒険とスリル）があるということです。不注意で、うっかりするとケガをするかもしれない遊具だからこそ、安全能力が向上し、子供たちはそれを克服しようとチャレンジするわけです。克服したときの達成感が喜びとなり、一段階上のステップに進もうとします。そうして段階的に運動能力を高めていくことで脳神経の発達が促されるわけです。

安田先生が京都市内の小学校校長時代に、「これまで危険だと使用が制限されていた遊具」を復活させたことが、京都新聞の夕刊記事（1976年5月7日）に載りました。長文なので要約して紹介します。

その当時、京都市の学校では子供のケガが多く、「学校災害共済給付金」の額が全国第6位という高さだった。小学生のケガは、ねんざ、骨折、頭部打撲などが多く、「とにかくすぐ骨折する」というのが関係者の印象だった。

そんな状況のなか、安田先生は1972年（昭和47年）、校長として赴任した南区・東和校で遊具導入を始めたのです。

戦後、子供の世界でもガキ大将が姿を消してしまい、隣近所で集まるのは同学年、同年齢の子供ばかりになったため、何代にもわたって伝えられてきたワンパク遊びが途絶えてしまった。

「そんな子供たちに自ら遊びを工夫せよといっても無理。上手な子供が下手な子供に遊び方、運動のしかたを教える、そんな場をつくるには学校に1年から6年までの子が共通に遊べる遊具を置く以外にない」

安田先生はその信念に基づき、これまで危険だと使用が制限されていた回旋塔やタワージャングルジムなどの遊具を積極的に導入し、どの学年も自由に使えるようにしたのです。

学校内外でケガや事故への不安の声がウズ巻きました。導入したその年の小さなケガは前年の2倍（71人）にハネ上がり、「それ見たことか」と周りの批判もありましたが、「思いっきり遊べるようになったら、ケガの心配は不要」と言って、安田先生は押し通したのです。その結果、どうなったか。翌年、１９７３年（昭和48年）には、赴任前のケガより半減したのでした。長年の教育現場で培ってきた安田先生の経験知と信念が数値のうえでも立証されていったのです。

信念の勝利「遊びを通して強い子に」

京都新聞に大きく紹介された右の記事のなかで、安田先生はこう語っています。

「正月に食べるモチね、機械でついたのと手でついたのとでは、ねばりが違いますやろ。身体も同じことで、幼児期からねっとかんとあかんのです。京都のケガ発生件数が多いのは〝過剰治療〟のためですわ。赤チン塗ったらすむものを医者へ連れていく。まあ最近の子供の事故をめぐる世の中の動きからしたら現場の先生の心配は無理ないことですけど……。しかし私は、骨折は完治するケガで大ケガでないと、先生にハッパかけてますね」

骨折は大ケガではないと言い切る、これは大変な勇気です。よほどの胆力・信念がなければ言えません。もし、ケガをする子供が半減していなかったら、導入した遊具はたちまち撤去されていたに違いありません。

安田先生が校長として京都市立東和小学校に赴任したのは１９７２年（昭和47年）でした。その後１９７４年に大宮小学校、１９７６年には本能小学校に転任され、どの小学校でも勇気ある校長として信頼される実績を残されたのです。

「少々の冒険とスリル。いつも遊んでいる子は平衡感覚と運動神経も発達して、安全能力が高い。めったにケガはしませんよ」

転任先の学校の先生たちも自信をもってそう言うようになり、しだいに京都市内の学校にその評判が広まっていきました。「簡単に転び、骨を折る子供たちのモロさ」に深刻な悩みをかかえた教育界に、安田先生の教えはじわじわと浸透していったのです。

昭和50年前後といえば、日本は30年代からの高度経済成長を経て世界第２位の経済大国になっていました。都会はますますコンクリートジャングルとなり子供の遊び場は奪われ、過熱一途の受験競争、塾通い、核家族化もすすんでいきます。こうした社会環境のなかで子供たちは、昔のように運動量の大きな遊びを忘れていきました。

「幼児のときから泥まみれ、すり傷だらけで遊ぶということが不足している。身のこなしの訓練ができてない。転んでもこけかたがヘタクソ。全体に温室育ちという感がぬぐえない」といったことが、さかんに言われるようになっていたわけです。

「園児に駆けっこをさせても全力疾走ができない」

「運動場で思い切り遊んでみろと、教室から追い出すが、自ら遊びをつくり出す姿が見られない」

保育園や幼稚園、小学校でそんな悩みを訴える先生が増えるなかで、安田先生の理論と実践が脚光を浴び始めたのです。

「指導主事時代に学校の校長がしょっちゅう頼みにきて、もう600枚くらいこうした遊具の設計図を書いてきました」

安田先生はそう語っていましたが、それらの大半は京都市内の小学校だったようです。実際に導入した学校から学校（校長から校長）へと評判が広まったのでしょう。しかし、安田式遊具は京都市内の小学校ではかなり広まっていたのですが、私が先生に出会ったころでも、となりの滋賀県ではほとんど知られていませんでした。

「全国に普及してみせます」

今でこそ私は、日本中くまなく安田メソッドの普及に自信を持って取り組んでいますが、その当初はとても苦戦させられました。それも当然のことで、安田式遊具はビジネスの商材としては大変扱いにくいもので、「商売人が手を出しにくい難しい商品」に違いなかったからです。

その最大の理由は、安田メソッドを伝える人材養成が不可欠であるということです。繰り返しますが、安田メソッドは、ハード（安田式遊具）とソフト（指導法）が不離一体のものだからです。人材育成にはそれ相当な時間と費用がかかります。

普及しにくい理由としては、ほとんどの園ではすでに遊具が設置されており、しかもその遊具に対する不満も感じておられないので、営業訪問してもなかなか会ってもらえないことです。たとえ園長先生に会えたとしても、安田式遊具に子供たちが群れて、楽しく熱中している姿を見ないかぎり、この遊具の素晴しさを伝えられません。その点も大きなネックでした（幸い、今ではＩＴツールを使って動画を見てもらうこともでき、がんばりまめの杜「試遊館」での体験もできますが）。そしてまた、発売元のエール自体に全国レベルの知名度がなく、信用してもらうのが難しかったのです。

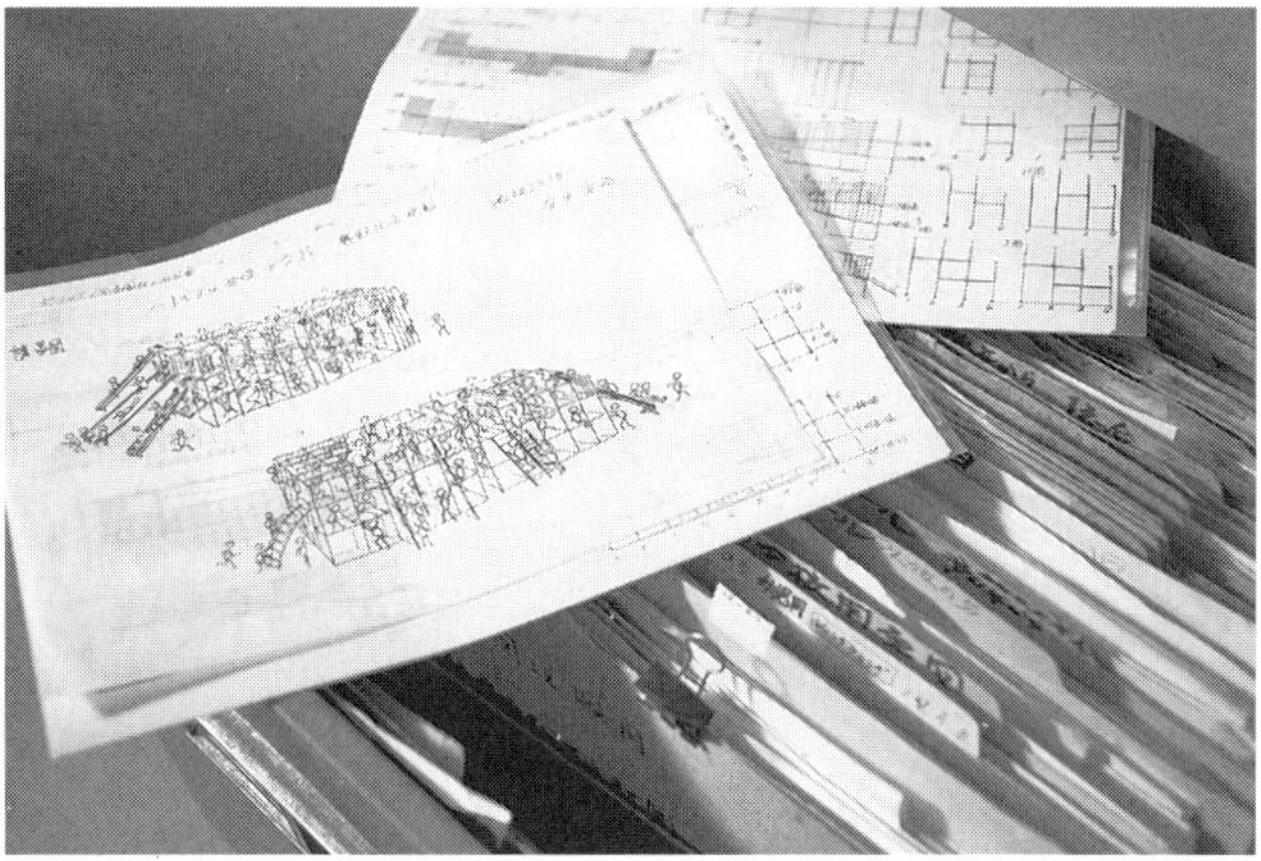
たくさんの遊具設計図面

京都市内の学校に導入されていた遊具は、それぞれの学校の出入り業者がその学校長の依頼で造られたものでした。決まった業者が一括して遊具を納めたのではなく、学校から安田先生に依頼があったとき、先生の書いた設計図が各業者に渡されて制作されたわけです。安田式遊具が全国に広まっていなかったのもそのためです。

現場から生まれたものだからこそ現場の声で広がったものの、物事が普及するには相当なエネルギーが必要です。企業経営においては経営の3資源（ヒト・モノ・カネ）が不可欠ですが、商売人でもない現場の先生方の力で行政単位を超えて予算を動かし広く普及するということは難しかったのだと推測されます。私は販売するのが難しいと解っていながら、先生考案の遊具の実績とともに、安田先生のお人柄とその情熱に惚れ込んでしまい、出会ったその日に言いました。

「先生、私が全国に普及してみせます。遊具の販売ごとにその設計図の考案設計料をお支払いしますので、私にお任せください」

「初めて出会った人にそんなこと言われたのは初めてや。あんたも奇特な人やなぁ。でも、嬉しいわ、すべて任せます」

安田先生は大らかに笑いながら、私と握手を交わしたのでした。
……それから二十余年。安田式遊具は現在（2019年8月）、全国の3000カ園以上に導入されています。そして、安田メソッドで遊ぶ子供たちは日本中に広がり、昭和の子供にも負けない逞しい姿がたくさん報告されるようになり、アメリカで著作権も取得して今日に至っています。

外あそび体育遊具協会が目指すもの

1995年の5月24日、運命的な出会いの後、私は安田先生の遊具を広めるためにエール株式会社を設立しました。声援を送ることを「エールをおくる」と言いますが、(幼児)教育の応援団という思いを込めた社名です(YELL、Yoshikawa Education Life Laboratory)。エール設立後の経過はざっと次のとおりです。

2003年　外あそび体育遊具協会設立　安田メソッドの普及
2010年　外あそび体育遊具協会を一般財団法人に
2013年　内閣府より公益財団法人「外あそび体育遊具協会」認定

公益財団法人「外あそび体育遊具協会」のホームページに掲載した「事業理念と趣旨」を短く要約すると次のとおりです。

子どもたちの基礎的な運動能力は、その発達に適した必要な時期に体験・習得させなければ身につかないものです。

基礎的な身のこなしや動作の習得も同様で、幼児期の日常のあそび等を通して体得しますが、これは大脳・神経系発育によるものであります。従って脳・神経系の発育を伴うという意味で幼児期の体育あそびは非常に大切なのです。

わたしたち人間は遊ぶことが好きです。特に子供の時は盛んです。

幼い頃はこの遊びが生活のすべてであり、幼少青年期はこの遊びが特に体育的な遊びによって、肉体的にも、精神的にも、社会的にも発育し発達が促進されて人間形成がなされていくわけです。したがってこの遊びや運動を充実してくれる遊具や運動器具の適否、優劣は極めて重要な問題となっています。子供達の発育発達のために、子供達の活動欲求に対して最高の満足感が得られるように、「楽しい体育あそび」を通じて、土地の狭い日本の現実欲求の中で最大の能率を上げ得るような遊具、体育施設を与えてやりたいと念願しています。（詳しくはホームページを。公益財団法人外あそび体育遊具協会 http://www.soto-asobi.jp/philosophy.html）

この文章の中では「楽しい体育あそび」と書いていますが、「運動遊び」と言ってもよいでしょう。「体育遊具協会」の頭に「外あそび」とつけたのは、〝外で遊ぶ運動全般〟を指してのことです。体育であれ、運動であれ、スポーツであれ、「楽しく・熱中する遊び」を通して、脳神経とからだを鍛えることが大事なのです。実際、現代のスポーツや運動分野では、科学的に体系づけた優れた理論・指導法がたくさんあるようですが、それらの指導法にしても「脳・神経」と密接になっているはずです。

「運動は脳のなかの神経伝達物質と、そのほかの化学神経物質のバランスを保っている。脳内のバランスを保てば人生を変えることができる」(『脳を鍛えるには運動しかない』ジョン・J・レイティ／リチャード・マニング、日本放送出版協会) とも言われていますが、一般的に人間は歳をとるにつれ有酸素運動をすることが少なくなります。しかし、幼少期に「楽しい運動遊び」を十分体験している人は、大人になってからもさまざまなスポーツや運動に親しむことで健康を保ち、人生を豊かに送ることができるでしょう。その意味でいえば、私たちが最終的に目指すものは、幸せな人生を送るための健康や人間形成のお手伝いとも言えるでしょう。

2013年　子供たちに遊具を試遊させる施設「がんばりまめの杜『試遊館』」オープン
2015年　安田先生を顕彰する『輝け！命』をエールで発刊

２０１７年　６月23日　安田先生逝去

同年10月　アメリカのシカゴで安田メソッド（安田式遊具とその指導法）の著作権を取得

安田式遊具はじっさい遊んでみなければその良さがわかりません。ですからその体験ができる試遊館をつくるのは、私のかねてからの念願でした。

２０１３年、琵琶湖の瀬田唐橋からもほど近い国道沿いにオープンした「がんばりまめの杜『試遊館』」には、春や秋の遠足シーズンになると、近隣の園の子供たちが大型バスに乗って訪れ、多いときには１００人ほどの子供たちが一斉にさまざまな安田式遊具で遊びます。楽しそうに熱中して遊ぶ子供たちの姿を毎日のように見るにつけ、安田先生の考案された遊具とその指導法は、日本はもとより世界にも通用する普遍性があると、私は確信するのです。

２０１３年、「外あそび体育遊具協会」が一般社団法人から公益財団法人に格上げされたとき、「公益に付する」ということが認められたわけですから、安田先生はとても喜ばれました。

しかし私にとって非常に残念なのは、著作権の取得が決定する数カ月前に、安田先生がお亡くなりになったことです。享年98歳でした。90歳を過ぎても腕立て伏せを欠かさず元気な様子で、百歳まで生きると本人も言っておられただけに残念でなりません。本書の出版にしてもご生前中に実現したかったのですが……。

安田祐治先生の大いなる功績を讃えつつ、安田式遊具とその指導法を広めることが私たちの使命であり責務です。私個人としては、使命という以上に天命だとも思っています。

「わっはっは……、天命か。ヨシカワさん、わしとしては嬉しいけど、あんまり気張らんときよ」

安田先生のいつもの大らかな笑い声が、今でも私の耳に響いてきます。

第3章

食育・知育・体育は三位一体

赤く顔が上気し
激しく息がはずんで
開いた眼も輝いている
どの児もどの児も
夢中になってひたりきっている
遊びに熱中している児らを
はっきり視てやろう

安田　祐治

独立創業時の初心を忘れずに

「矛盾のない仕事をしたい」

それが私の独立時の動機でした。この世の中、矛盾のないことなどありえません。しかし青臭いと言われるかもしれませんが、せめて自分のする仕事のなかで、また人生においても納得できる生き方をしたいということでした。

その意味においても、創業間もないときに私が痛風になってしまったのは、自分の生き方を決める試金石だったと言えるかもしれません。というのも、もしあのとき私が医師の言うままに薬に頼る治療を選択していたら、食育の重要さに気づくことがなかったと思うからです。

食事療法によって痛風を克服したことから、私はよりいっそう食や環境の問題に関心を深めていきました。人のからだは食べ物からできている。その食べ物は環境(水や土、温度や湿度、光や空気など)に左右される。すなわち食と環境は切り離せないわけです。当然ながらヨシカワ商事が園に納める食材は、無農薬有機栽培・無添加食品を基本に、私自らホンモノの食品(食材)を探し求めていくようになりました。

一口に幼児教育といってもその奥行きは深く、知育・食育・体育・徳育(しつけ)など、さまざまなテーマがあります。

本来ならその優先順位はつけがたいのですが、いわゆる猛烈な教育ママ・パパは他人より優れた点数・学力を重視した「知育」優先ということになるでしょう。そんなことより、人に愛される人間に育ってほしいと願う親は、「徳育」を重視するかもしれませんし、運動の万能選手を望む親なら「体育」に力を入れてほしいと願うかもしれません。

このように教育に対する考え方は人さまざまですが、戦後の教育で意外に忘れられていたのが「食育」でした。戦前・戦後間もないころは国全体が食糧不足で食育どころではなかったのですが、高度経済成長とともに日本人の食生活は洋風に偏り、カロリー一辺倒の栄養学を信奉するようになっていきました。「食の質」や身土不二といったことが忘れられていったのです。

私が「食と環境」を主テーマにしていったのはそんな背景があったからですが、安田先生との出会いによって、私はしだいに「体育（遊び）」にも重きをおくようになったわけです。

とはいえ、知育・食育・徳育ともに大事であることは言うまでもありません。どれを優先するということではなく、私のなかで常に変わらないのは「食育・知育・体育は三位一体」ということです。そして徳育というのはその三位一体のなかに融合している、というのが私の認識です。

本書は、安田祐治先生の顕彰と、安田式遊具とその指導法について書いたもので、「体育遊び」がメインテーマなので、食育（環境）・知育については触れませんが、三位一体のそれらを忘れたわけでは決してありません。ちなみに私が独立時に創業した学研代理店ヨシカワ図書（現・ヨシカワ商事）は、2022年には創業50年を迎えますが、「ホンモノの食・環境、知育」が事業テーマであることは現在も変わっていません（安田メソッドを普及するエールとヨシカワ商事は、いわば車の両輪です）。

「今、子供が危ない！」

学研が発行していた雑誌「ウータン『驚異の科学』シリーズ」の一冊で、『今「子供」が危ない』という特集号がありました。保存版「地球環境白書」という副題がついています。「もくじ」は次のとおりです。

- 子供の心と体が蝕まれている
- かめない、かまない　新・新人類は宇宙人顔になる!?
- 食べられない、食べすぎる　急増する小児肥満と成人病
- 肥満スクール密着ルポ　ボクたちはこうしてやせる

●遊べない、動かない　もろく折れる子供たちの骨
●立てない、歩けない　子供たちの足から土ふまずが消えた⁉
●眠れない、起きれない　心の疲れが体を蝕む
●通学ラッシュが子供の心と体を蝕んでいる⁉
●学校行けない、戻れない　不登校児が増えている
●登校拒否は誰にでも起きる　学校へ行かなくなった普通の子供たち
●見つめ過ぎる、よく見えない　近視を増やした犯人は誰だ
●飲めない、食べられない　食物アレルギーの脅威
●世界は今、本当に〝危ない〟子供たち
●絡み合う複合汚染　学齢症候群の恐怖
●データで見る「子供」
●症状別・病院リスト

この雑誌が何年に発行されたのか、お判りでしょうか？

「もくじ」を見ていると、いまだにこうした問題が続いているので、そんなに年代が古くない印象を受ける人もおられるでしょうが、発行年月は１９９２年2月15日、もう25年以上過ぎているのです。

「かめない、かまない　新・新人類は宇宙人顔になる!?」というのは、柔らかいものばかり食べてよく噛まなくなった顎が細くなり「宇宙人顔になる」というものですが、25年たった現在でもこの傾向は変わっていない、むしろいっそう進行しているのではないかと私は危惧しています。

私は、１９８６年から「よしかわ書房」という書店も経営していたのでよく覚えているのですが、１９９０年代前後から食育や地球環境を問題にしたこの種の本や雑誌が目立つようになりました。有吉佐和子の小説『複合汚染』が発表されたのは、「よしかわ書房」のオープンより11年早い１９７５年でした。経済発展優先のなか環境破壊は止まることなく、添加物だらけのインスタント・加工食品があふれていきました。

「警告！　こどものからだは蝕まれている」

ＮＨＫの特集番組（日本体育大学体育研究所との共同）があったのは１９７８年10月9日、アトピーや花粉症などが急に目立つようになったのはそのころからです。私はこの番組に衝撃を受けました（この番組を契機に、『子どものからだと心　白書』を発行する連絡会議が誕生したということです）。

『今「子供」が危ない』が発刊された当時、私は「くらしの安全ネットワーク」を主宰し、地域の自治会や婦人会に呼ばれて、食育や環境問題をテーマに講演活動をしていました。食育の一環としてヨシカワ商事で保育園・幼稚園の給食用無添加お菓子の販売を始めたのは1990年からでした。

 振り返ってみると1991年は、日本の社会経済が大きな曲がり角に直面していた年でした。1986年から続いていた、いわゆるバブル景気はこの年2月に崩壊し、それまでバブル景気の恩恵で浮かれに浮かれていた人々の心が急速にしぼんでいったからです。その絶頂期のころは、土地も株も高騰し、濡れ手でアワを掴むような成金の急増で贅沢三昧なライフスタイルがもてはやされ、グルメブームで高級食材が飛ぶように売れていました。ところが崩壊後

[保存版]地球環境白書⊙
UTAN
「驚異の科学」シリーズ
10
GAKKEN MOOK
今「子供」が危ない
子供の心と体が蝕まれている!!
小児肥満と小児成人病／受験戦争，塾通いが生むストレス／
子供を襲う食物アレルギーの猛威／土ふまずが消えた!?／
フツーの子供に起こる登校拒否／急増する子供の骨異常・近視／
絡み合う複合汚染・学齢期症候群の恐怖／ほか
『今「子供」が危ない』

はリストラで職を失う人も増え、日本経済全体の下降沈滞が長く続き、その期間は「失われた10年、20年」と呼ばれました。現金なものでその反省からか「心の時代」がさかんに言われ、その種の本もたくさん出版されました。

 バブル崩壊のちょうど1年後に、『今「子供」が危ない』が発刊されたのは象徴的な気がします。環境を破壊しながら経済（お金）ばかりに目を向けていた大人たちのツケが、子供たちへのしわ寄せになったと思うからです。

 痛風を食養で治した私自身の体験もあり、この雑誌に書かれていることは実感していたのでなおのこと、本物の食材（無農薬栽培のケール青汁や無添加お菓子）や、合成界

面活性剤不使用の粉石けんの販売などに力を注いでいきました。前章で書いたように、安田先生のお名前を聞いて出会うまでに7年が経過してしまったのは、オープンしたばかりの書店経営をはじめ、食育と環境テーマのほうに私の意識が向いていたからでした。実際、『今「子供」が危ない』に書かれている記事の多くも「食」に関するものが中心で、その表紙カバーのデザインは食の貧困化や忙しい子供の学習塾通いを比喩するファーストフードでした。

繰り返しますが、1980年代後半から阪神淡路大震災の年（1995年）まで、すなわち私が安田先生と出会うまでの7年間、ブランクがあったことが結果的にはよかったのです。もし早く出会っていたら、私の心の準備ができておらず（ヨシカワ商事の新規事業のほうに頭がいっぱいで）、即断即決の行動には移れなかったと想うからです。出会うべくして出会う不思議、まさに天の巡り合わせと言うほかにありません。

『子どものからだと心　白書』に見る、からだと心の変化

私の手元にはいま「子どものからだと心・連絡会議」が編纂した、『子どものからだと心　白書』の3冊（2006年・2010年・2017年版）があります。

『今「子供」が危ない』が発刊された1992年から2017年まで25年が経過して

いるわけですが、「子供が危ない」状況はほとんど変わっておらず、むしろいっそう複雑になっている印象を受けます。

子供のからだは明らかに、現代社会が抱える食や環境問題の影響をまともに受けて赤信号・黄信号を発しています。甘すぎるお菓子やジュース、添加物や保存剤がいっぱいの食品など、食の問題一つにしてもすぐ解決できる問題ではありません。

『白書』の２００６年版の「はじめに」は、「日本の子どもに現れている〝からだと心〟のマイナス方向への変化は、私たちの予想をはるかに超える勢いで進行し、ますます深刻の一途を辿っています」と書かれ、戸惑う大人たちの悲鳴がきこえてくるようです。

５歳から14歳までどの年齢でも目に見える変化の第１位が「虫歯」で、第２位が「裸眼視力1.0未満（視力不良）」です。そして保育・教育現場の先生方が最近増えていると〝実感〟されているのが、「アレルギー」と「すぐ〝疲れた〟と言う」でした。

楽しく汗を流して運動をしている子供たちなら、それほど「疲れ」を訴えたりしません。そこには明らかに全身の倦怠感、めまいや頭痛などの諸症状があるからです。そして、その要因の一つの仮説として自律神経系の発達不全、２つめの仮説として「大脳前頭葉の発達不全」を挙げています。

大脳前頭葉は、満足感や充足感といった感情、あるいはやる気や根気といった意思を司っているので、すぐ疲れを訴える子供たちは、満足感や充足感を味わうことができないからだろうというのです。
「学級崩壊」という、私たちの世代にとっては衝撃的ともいえる現象が起き始めたのは1990年以降でした。1960年代の後半は、小学校に入学したばかりの「不活発（そわそわ）型」の子供は1～2割程度だったのが、90年以降は5～6割にも達したので教師が学級をまとめることが難しくなったというのです。しかも全国どこの小学校でも同様の現象が増えたことから「学級崩壊」というマスコミ用語が生まれたのでした。

最も幼稚なタイプと考えられているこの「不活発（そわそわ）型」の子どもは、大脳前頭葉の〝興奮〟〝抑制〟が、ともに十分に育っていないために、集中が長続きしないという特徴を有しています。そのため、いつも〝そわそわ〟〝キョロキョロ〟していて落ち着きがありません。かつては、小学校に入る頃になると、そのような子どもは少数派でしたが、最近は多数派とも言える状況にあります。

（『子どものからだと心　白書　2006年』より）

学級崩壊はしだいにエスカレートして中学校や高校では「学校崩壊」という言葉すら出るようになりましたが、子供たちに起きている変化のすべては、その時代の大人たちが経済活動でつくった社会の「写し鏡」にほかなりません。俗悪な番組の多いテレビ、テレビゲーム、携帯電話、電磁調理器、スナック菓子、インスタント食品、ファーストフード、核家族化でしつけのできない家庭……、無防備な子供たちにそれらのしわ寄せが集まって、からだと心の変化となって現れたわけです。

この2006年版『子どものからだと心　白書』では、安田先生の「体育遊び理論」を裏付けるようなことを提言しています。

大脳前頭葉の発達のためには適度な〝興奮〟が必要であり、子どもというのは〝興奮〟が優位な年頃と考えられてきました。ところが最近では、意識的に仕掛けてあげないとなかなか〝興奮〟が惹起されないことが心配されています。

「子どもらしい〝興奮〟」が惹起されるように、保育・教育現場における人的・物的環境の充実を図る等、子どもの生育環境を整備していくことの方が優先課題であると考えます。

この『白書』がいう子どもらしい〝興奮〟とは、「おもしろい・楽しい」にほかなりません。すなわち、子供たちが仲間と共に群れて楽しく熱中して遊ぶのが最大の特徴である安田メソッドが、解決の一助となるということではありませんか！

万引きと家庭崩壊

人との出会い、本との感動的な出合いは人生を大きく変えます。私がよしかわ書房をオープンした目的は、学研が発行する教材や絵本だけの販売では満足できず、そういう出合いのある本を提供したかったからです。

『子どもの本の選び方・与え方』（鳥越信　大月書店）を読んで私は感動し、大いに刺激も受けました。絵本を選ぶさいには原作に忠実で手抜きのしていないものを選ばなければいけない。とにかく子供のころから「本物」を見る目を養うことが大切だという鳥越さんの意見に共感し、そういう絵本を図書館まで行って探しては取り寄せました。言うまでもなく私がテーマとする「食育や環境」の本も数多く揃えました。

銀行の担当者から見ると、よしかわ書房はよほど変わった本屋だったのでしょう。

「もっと世間で売れている本をどんどん売らないといけませんよ」

そんな助言をもらいましたが、「アメリカでは、まともな本屋ならよく売れるディズニーの絵本は置いていない」と私は笑って言いました。

一時ベストセラーになった某女優のセミヌード写真集も揃えていなかったので、その銀行マンには呆れられましたが、幸い、書店の周辺は新興住宅で人口が増え続けていたこともあり繁昌していました。

しかし、書店をオープンしてまもなく、万引きが多いのに頭を悩ますようになりました。書店経営についてはFCの本部からいろいろとレクチャーを受けており、防犯カメラの設置などそれなりの対策を講じていましたが万引きは減りません。書店経営を続けた13年間、万引きへの対応は頭痛のタネであり続けたのです。

この万引きについて語れば一冊の本が書けるくらいのエピソードがありますが、その原因を要約して言えば「家庭崩壊」という四文字です。万引きした子供（中学生、高校生）を捕まえて、それが初めてのことならお説教したうえで二度としない約束をしてもらいます。家や学校に報告されることを一番嫌がるからですが、常連さんとなればそうもいきません。止むを得ず、その子の家まで行って報告することになります。その家は裕福そうな中流家庭、対応に出てくるのは母親というのが通り相場でした。

「この子は普段はいい子なのに……、友達にそそのかされてしたんでしょうね。申し訳ありませんでした。よく言い聞かせます」

母親から返ってくるお詫びの言葉もそのようにパターン化していました。万引きは軽犯罪なのに、親子ともにそんな自覚はなく、「つい魔がさして」くらいの感覚なのです。こういうときにこそ父親が出て子供を叱り、きちんと対応してほしいものですが、父親の存在は陰が薄く、たまに対応に出てきても、「お前に任せた」と妻に言って終わりです。

日本社会での父権喪失が言われ出したのは、戦後も早く1960年代のころからだったと思います。戦後、「男が弱くなった、だらしなくなった」とよく言われますが、父が戦死して母子家庭で育った私には、父親がいたらという思いが人一倍強いのかもしれません。父権というと、その言葉だけで古臭いと感じる人もいるでしょうが、家庭を顧みない父親が家庭崩壊の引き金を引いた一因と言えるのではないでしょうか。

先の『白書』は、現象面ばかりが浮き彫りにされて、家庭の問題（躾など）はあまり取り上げられていませんでしたが、私が書店の万引き対応でつくづく感じたのは「家庭崩壊」でした。共働きが増えるにつれ家庭料理がおろそかになり、インスタント食品やファーストフード、コンビニ弁当が幅をきかせ、「おふくろの味」が失われていきました。「嚙めない、嚙まない」ことも、学級・学校崩壊にしてもその要因の根っこは家庭環境にあるというのが私の実感なのです。

とはいえ、「子どものからだと心」のマイナス変調は家庭だけで解決するのは難しく、社会全体の問題として取り組む必要があることは言うまでもありません。

「背中ぐにゃ」では、あまりにも悲しい

２０１７年版の『子どものからだと心　白書』にみる「子どものからだの調査２０１５（実感調査２０１５）」、には、「『最近増えている』という〝からだのおかしさ〟実感のワースト５」の統計が載っています。保育所から高校までの統計が出ていますが、ここでは中学・高校は省略して保育所と幼稚園、小学校を紹介します。

２００６年、２０１０年の白書においても「アレルギー、皮膚がカサカサ、すぐ『疲れた』と言う、保育中じっとしていない、背中ぐにゃ」などといった傾向はほとんど変わっていません。

２０１０年は私が安田先生と出会って15年経過していました。この年には、安田先生の指導のもとに２００３年に設立した「外あそび体育遊具協会」が一般社団法人となり、研修会や講演活動がいっそう活発になっていました。

「食育・知育・体育」は、子供の健全育成には欠かせない三位一体のテーマですが、私自身の講演テーマは食育や環境から体育遊び（安田メソッド）についての話のほうが増えていきました。

子どものからだの調査2015（“実感”調査）

『子どものからだと心 白書　2017年』より抜粋

「最近増えている」という“からだのおかしさ”の実感ワースト5

▼ 保育所

年	第1位	第2位	第3位	第4位	第5位
1979	むし歯	背中ぐにゃ	すぐ「疲れた」と言う	朝からあくび	指吸い
1990	アレルギー	皮膚がカサカサ	背中ぐにゃ	すぐ「疲れた」と言う	そしゃく力が弱い
1995	アレルギー	皮膚がカサカサ	すぐ「疲れた」と言う	そしゃく力が弱い	背中ぐにゃ
2000	すぐ「疲れた」と言う	アレルギー	皮膚がカサカサ	背中ぐにゃ	そしゃく力が弱い
2005	皮膚がカサカサ	アレルギー	背中ぐにゃ	すぐ「疲れた」と言う	保育中、じっとしていない
2010	皮膚がカサカサ	すぐ「疲れた」と言う	保育中、じっとしていない/背中ぐにゃ／アレルギー		
2015	アレルギー	背中ぐにゃ	皮膚がカサカサ	保育中、じっとしていない	すぐ「疲れた」と言う

▼ 幼稚園

年	第1位	第2位	第3位	第4位	第5位
1990	アレルギー	皮膚がカサカサ	すぐ「疲れた」と言う	ぜんそく	背中ぐにゃ
1995	アレルギー	すぐ「疲れた」と言う	皮膚がカサカサ	背中ぐにゃ	ぜんそく
2000	アレルギー	すぐ「疲れた」と言う	皮膚がカサカサ	ぜんそく	背中ぐにゃ
2005	アレルギー	すぐ「疲れた」と言う	皮膚がカサカサ	背中ぐにゃ	床にすぐ寝転がる
2010	アレルギー	すぐ「疲れた」と言う	背中ぐにゃ	ぜんそく	保育中、じっとしていない
2015	アレルギー	背中ぐにゃ	すぐ「疲れた」と言う	オムツがとれない／自閉傾向	

▼ 小学校

年	第1位	第2位	第3位	第4位	第5位
1990	アレルギー	皮膚がカサカサ	すぐ「疲れた」と言う	歯ならびが悪い	視力が低い
1995	アレルギー	すぐ「疲れた」と言う	視力が低い	皮膚がカサカサ	歯ならびが悪い
2000	アレルギー	すぐ「疲れた」と言う	授業中、じっとしていない	背中ぐにゃ	歯ならびが悪い
2005	アレルギー	背中ぐにゃ	授業中、じっとしていない	すぐ「疲れた」と言う	皮膚がカサカサ
2010	アレルギー	授業中、じっとしていない	背中ぐにゃ	視力が低い	すぐ「疲れた」と言う
2015	アレルギー	背中ぐにゃ	体が硬い	すぐ「疲れた」と言う	絶えず何かをいじっている

「安田メソッド」については別章で詳しくみるとして、２００６年と２０１７年の白書を読んで誰しもが考えさせられるのは、子供たちのからだと心が相変わらず危機的状況にあるということです。

私たちの世代では、子供は風の子で元気に飛び跳ねるもの、というのが一般的なイメージですから、「すぐ『疲れた』と言う」とか「背中ぐにゃ」などというのは、まったく想像できないことでした。しかし、訪問先の園の先生方にこの『白書』のことを確かめてみると、「事実そのとおり」だと言うのです。しかも最近の子供たちは外遊びをあまりしなくなったという「現実」を目の当たりにすると、安田式遊具とその指導法の普及を急がなくてはいけない、この仕事は私に与えられた天命だと自分に言い聞かせました。

天命などとは大げさなと笑われるかもしれません。しかし私は真剣にそう思うのです。小さい子供のときから「背中ぐにゃ」で、すぐ疲れた、ではあまりにも情けなく、悲しいことではないでしょうか。腰骨を立て、「背筋を伸ばして」生きてほしいと願うのが親心です。

子供のころに大事な遊びの原体験

『白書』にみる子供のからだと心の変化は、その項目の一つひとつに赤信号、黄信号のメッセージがあると思います。アレルギーやぜんそく、皮膚がカサカサ、低体温（平熱36度未満）といったからだの変調は、日頃の食生活や環境に多くの問題があるということが予測されます。しかし私がすぐ理解できなかったのはワースト5には入っていませんが、「転んでも手が出ない」という項目でした。

「転んで手が出ないなんて、ここの園児でもありますか？」

いくつかの園の先生に尋ねてみると、最近そういう子供が見られるようになったという答えが返ってきました。『白書』の統計どおりだったのです。

運動神経が抜群によい子供はどんな運動をさせても上達が早いのですが、運動神経がにぶいと思われる子供でも練習次第でそれなりの成果をあげていきます。しかし「転んで手が出ない」というのは運動神経の発達以前、本来備わっている動物的本能そのものが欠如しているのではないのだろうか、と思わざるをえませんでした。

どんな動物でも身の危険を遁れようとする本能は遺伝子のなかに伝えられています。幼いサルの子供でも、親サルの真似をしながら「木から落ちない」ように成長していきます。

それと同様で、人間はハイハイや伝い歩きのなかで転んだときの反射動作などを身につけながら成長していきます。それは親から特別教えられた訓練ではなく、ごく自然な反応動作のはずです。その反応動作ができないのは、「サルが木から落ちる」ようなことではないだろうかと、私は子供たちの将来にとても不安を感じたのです。

私たちの子供のころは周りの自然環境そのものが遊び場で、少々危ないことは平気でやり、転んだり、落ちたり、滑ったりで手足の擦り傷が絶えません。高い木に登るのは子供の本能です。木から落ちる子もいましたが、それでも顔や頭を打って重傷を負うということなどはめったにあるものではなかったのです。子供たちは、これ以上やったら大ケガをするという、危険度の限界というものを遊びのなかで身につけていったからです。たまたま木から落ちてケガをした子供の親にしても、木の持ち主に文句を言ったりすることなどありえませんでした。ところが最近では、子供のケガをすぐ外部要因に求めて請求する親も少なくないと聞くにつけ、情けなくも悲しい思いになります。

私は子供のころ特別に運動神経がよかったとも思いませんが、小学生のころから自転車でアルバイトの牛乳配達をしていたおかげで身体は鍛えられました。雪の降るなかで滑って転んだりしても擦り傷程度です。貧しい生活のなかでも大きな病気やケガなどをすることもなく、20代後半に突然痛風になったのは、幼児教育を仕事として選んだ私に、「食育の重要性に気づかせる」神様のありがたい配慮だったとしか考えられません。なぜなら私は贅沢とはまったく無縁の生活をしてきたからです。

そういう自分の子供時代や20代での経験を振り返って想うにつけ、今の子供たちに欠けているのは本来人間が持っている動物本能としての「遊び」です。高いところに登ったり、怖い思いをしながら飛び降りたりといった冒険です。大人たちは、そういうハラハラドキドキする本能を目覚めさせる遊びを危険だからという理由だけで、子供の世界から遠ざけてしまいました。

子供が一生を棒に振るようなケガをしてほしくないと思うのは、親の気持ちとしては当然です。しかし安心安全の度が過ぎて、子供時代に必要な「遊びの原体験」までを奪ってしまうのは大きな問題です。

安田先生が考案設計した遊具は、「子供らしく熱中して遊ぶ」原体験の遊具なのです。

人類の本能を無視された子供たち

安田先生は教員時代から「体育あそび研究会」を主宰し、定年退職後も精力的に京都市を中心とする先生方（保育士や教師）に呼びかけて、研修会や講習会を開いていきます。

そうした活動のなかで、安田先生に大きなショックを与えたのは、「90年近い私の人生で近年までなかった」という子供たちの残虐な事件の数々でした。

１９９７年に少年Aが起こした神戸連続児童殺傷事件（「酒鬼薔薇事件」）は、日本全国のみならず世界を震撼させましたが、その前後から子供たちの不可解な事件が増えてきたように思います。
こうした事件が起きる要因は単純なものではないけれど、と安田先生は断りながら、幼少期の生活内容の貧困さを大きな要因の一つに挙げています。そしてその要因は、「遊びの減少」だと、「教育二十一世紀の会」の会報第八号（平成18年10月30日）に、次のように書かれています。

遊びは「楽しい事に熱中する」人類の本能である。自分のやり方で工夫し乍ら動作・行動して、やり遂げた満足感を得るものである。自らの発意で目標に向かい苦労と努力を積み重ねていく生涯の生き方を、夢中になって行う楽しい活動の中で自然に身につける重要な生活である。又大勢と一緒の場で共に力を合せて喜ぶ心や習慣も育つのである。然し近年の子供たちは此の大切さを無視して育てられている。

安全安心保護第一、乳児は厚着で手も足も全く動かせない。身体の各部はすべて脳の働きと連動しているから結果的に脳の発達は阻害されている。

手足や頭を自由に動かし胴体を屈げ反らして寝返りやハイハイをする。これを遅らせてはならない。危険物に近づけない処置は必要だが、ハイハイして目的物に行き着く事は発育に欠かせない行動体験である。障子を指で付き破れると大喜び、新聞紙ちぎりも楽しい。これ等は飽きる迄やらせたい。

人類が持つ本能を無視されて、「友達と楽しく夢中に遊ぶ、喜ぶ心」など、子供のときにこそ大切な体験とその情感が奪われてしまったら、どんな大人になるか、およそ想像がつくというものでしょう。親なら誰しも子供の健やかな成長を願っているはずです。しかし「安全安心保護第一」という世間一般の風潮があり、いつの間にかその風潮に流されてしまった、というのが実情かもしれません。しかし危険を遠ざけるのがすなわち安全ではない、むしろ危険度が高まると安田先生は忠告しています。

学校関係者は事故の防止に汲々《きゅうきゅう》とするあまり、大切なことを切り捨てる傾向にある。子供を教育するとは、さまざまな能力を獲得させることであるはず。危険を遠ざけるのが安全ではありません。危険を認知し適切に対応する判断と処置能力を身につけることこそが安全なのです。第一、絶対に安全な遊具なんかでは子供は遊ばないものです。

「危険を認知し適切に対応する判断と処置能力」は、頭（脳）で考えて身につくものではなく、全身運動の体験（遊び）によって身につけられるのです。

エールが安田式遊具の販売を始めてから5、6年ほどの間には、前園長のときに、安田式遊具が導入されたにもかかわらず、後任園長が高さのある遊具の危険を問題視して撤去されてしまったことがありました。子供の安全第一というより、「何か問題があったら困る」というのが後任園長の本音だとしても、遊具の魅力と効用を十分に説明できなかった私たちの努力不足ということでもあります。

最近ではさすがにそういうこと（遊具の撤去、変換）はありませんが、世の中全体が「安全安心保護第一」という空気は何ら変わっていないように思います。

子供の野性の芽を摘むな

飛行機が墜落する確率は交通事故よりはるかに低いにもかかわらず、怖くて乗れないという人がたまにはいます。いくら安全だと言っても、何かのトラウマの影響なのか、飛行機の墜落を頭（脳）がイメージしてしまうようです。スリルやスピードを売り物とする遊園地のジェットコースターが、絶対安全な乗り物でなかったら誰も乗りたがらないでしょう。超高層ビルのエレベーターにしても１００％の安全保障が前提でなかったら誰も利用しないでしょう。

ところが安田式遊具はあえて「多少の危険性」を否定しないわけですから、一瞬戸惑うのも無理はありません。安田先生は、笑いながらこう言っています。

かつて私が作った遊具についてある保護者から「これは危険か」と尋ねられたことがあり、その時に即座に「危険だ」と答えたので、その人は驚いた顔をしていましたが、私から言わせれば、子供は生傷が絶えないほど外で遊ぶのがいいのです。小さいケガを経験することで、大きなケガを防止できる安全能力が身につく。

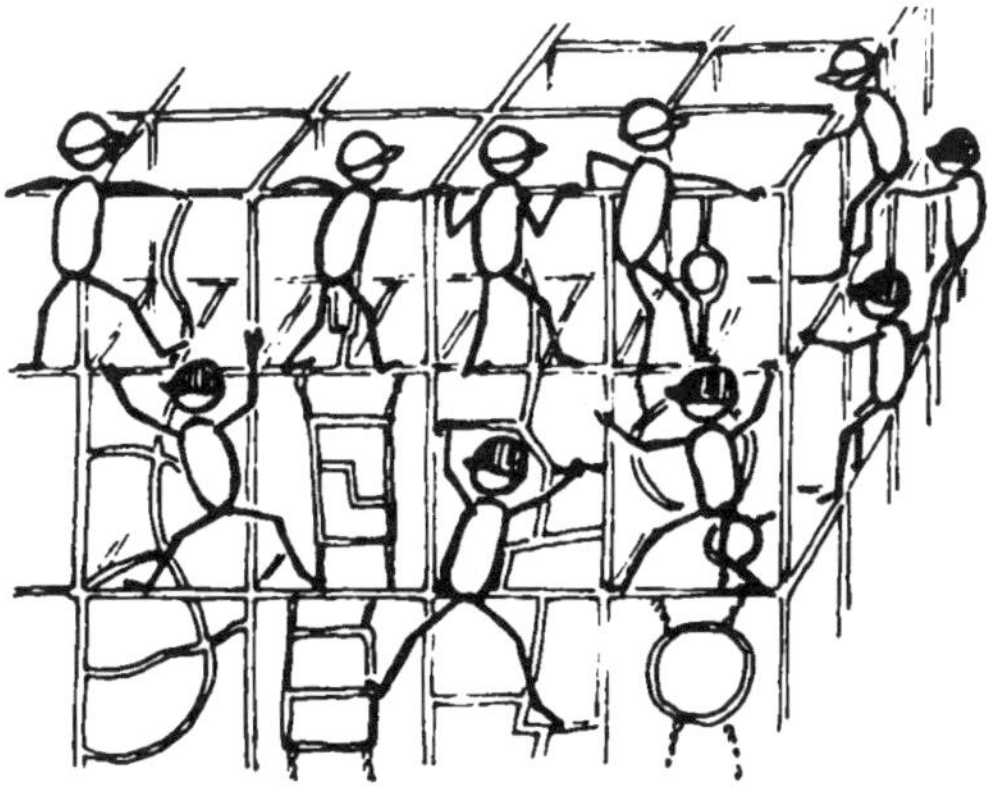

ジャングラミング

自然豊かな環境のなかで駆けまわって遊んだ私たちの世代は、しょっちゅう小さなケガを経験していたので、この理屈はすんなり理解できるのです。ところがそうした経験のない若い世代は、小さいケガをも恐れる人が多くなっています。しかも困ったことに最近はTVコマーシャルのおかげで、家庭のなかでも異常なほどに消毒殺菌をしないと気が済まないという人も少なくありません。公園で遊んでいた子供が転んで膝をすりむき血が出たといっては、傷口を消毒するために家に跳んで帰った、という話も耳にします。これでは本来備わっている免疫力が弱まる一方です。

本来備わっている免疫力とは、言い換えれば「野生の芽」だと安田先生はこう言っています。

何から何まで大人が行き届いた配慮をし過ぎて、かえって子供の野性の芽を摘み、たくましい心と体をつくり上げていく大切な時期に安全ばかりに重きを置いて、ひ弱な人間にしてしまっていると懸念しています。

野生の動物をみていると、ある時期になると親は子の甘えを拒絶して、独り立ちをうながします。そうしないと生命の危険にあふれた野生の世界では生き残れないからです。ある意味で、人間社会も野生の世界以上に厳しいわけですから、幼いころからいろんな局面に適応する基礎能力を養うことが大事なことは言うまでもありません。

油断したり不適切な動きをしたりすれば高い場所から転落するのは当たり前で、遊具自体に責任はありません。落ちないように気をつければ済むことであり、そういう能力を身につけることこそが大切なのです。

遊具から落ちてケガをするというのはよほどのことであって、大部分の子は喜んで熱中し、体力と脳の働きを存分に発揮していろんな局面に適応する基礎的なものを身につけているのです。

安田先生は、「人になってからの遊具ではなく、人になるための遊具」を考案したのだとも言っています。すなわち安田式遊具は、運動能力の高いスポーツ選手を育てるために作られたのではなく、「野生の芽」を摘まず、子供たちのなかに本来備わっている本能を呼び覚まし、健全な脳と身体を育むことを第一義とした遊具なのです。

「がんばりまめ」は子供たちの勲章

保育園・幼稚園に安田式遊具を導入してもらう一番の決め手は、実際にこの遊具で子供たちが喜々として遊ぶ姿です。服を買うときは「試着」、車を買うときには「試乗」するように、子供たちが遊具を「試遊」すれば、それを見た先生方は驚き感動し、すぐ納得してもらえます。

保育園や幼稚園に安田式遊具の導入を検討していただくとき、すでにそれらの遊具を入れている近くの園に見学の協力をお願いしていましたが、やはりエールの自社内に総合的な遊具施設を作りたい、と私は念じ続けていました。

念ずれば花開く、です！

その施設にふさわしい土地や建物を日ごろから物色し続けていたところ、ある日、滋賀県で最も歴史が古い近江一の宮・建部大社から歩いても数分の国道沿いに売り物件が出ていたのでした。築年数はまだ新しい物流倉庫でした。駐車スペース十分！　その倉庫を改装したのが「試遊館」です。天井が高く壁の仕切りも少ない倉庫の空間は広く、

試遊館での遠足風景

安田式遊具のすべてを展示するのに最高でした。

２０１３年にオープンした試遊館の反響は、当初から私たちが想像していた以上でした。先述したように、とくに春秋の園の遠足シーズンになると園児たちを乗せた大型バスが何台もやって来て、試遊館のなかは終日子供たちの歓声がこだましています。

安田式遊具で夢中になって遊んでいると、子供の手のひらにマメができたりします。

「先生、ホラッ見て、見て！」

子供たちは自慢げに嬉しそうに、手のひらのマメを見せてくれます。がんばって遊んだからできたマメです。「子供にとっては勲章ですから、先生は褒めてください」と安田メソッドではお伝えしています。そして、試遊館の愛称を「がんばりまめの杜」と呼ぶことにしました。

好きこそ物の上手なれという言葉もあるように、「楽しいからこそ熱中し、自ら育つ」ということです。長い人生には乗り越えなくてはならないことがたくさんありますが、子供のころに培われた〝がんばりまめ精神〟とその集中力は、大人になってからも必ず生きてきます。「昔取った杵柄」という

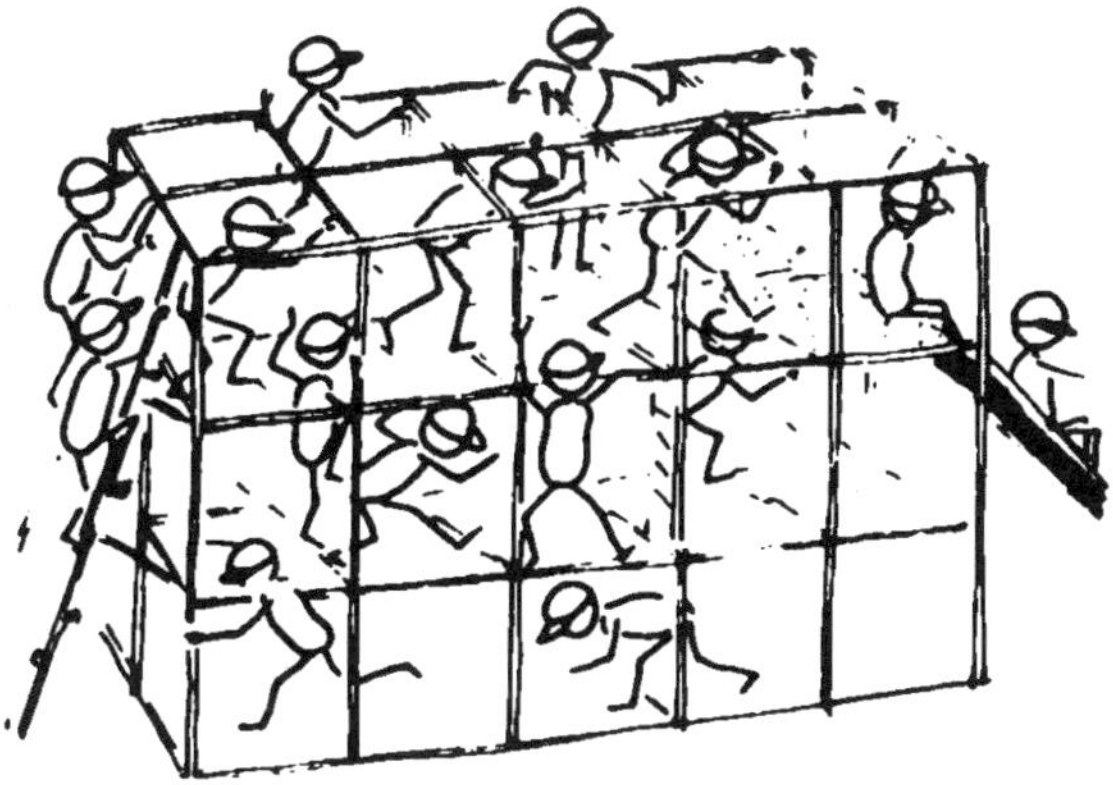

古い諺もあるように、子供のころに身体で覚えた体験や技は、それを長い間使っていなくても、何かの拍子に蘇り、活かされるのです。

とにかく子供のころに「楽しく熱中して遊ぶ」ことは、注意力や集中力を高めます。そして大人になって仕事に打ち込むとき、その集中力は「一念」の情熱となり、何かを成し遂げる「一途」なエネルギーともなるでしょう。

安田先生は、本物の遊具を求めていた初対面の私を、丸ごと信用してくれました。一途な生き方をされてきた先生に、一途な思いが通じたからだと思います。

２０１８年12月、私は『一念一途に――三つ子の魂・花ひらく』（あうん社刊）という本を出版しました。その本のなかで、仏教詩人・坂村真民さんの「一途一心」という詩を紹介しました。とても好きな詩なので、本書でも紹介させていただきます。

『花一輪の宇宙』（詩・坂村真民　絵・海野阿育　鈴木出版）より。

一途一心

一途に生きているから
星が飛び
花が燃え
天地が躍動するのだ
雲が呼び
草が歌い
石が唸るのだ

一心に生きているから
この手が合され
憎しみを
愛に変えることができるのだ
一途であれ
一心であれ

第4章

運動遊びが脳とからだを多面的に結ぶ

子供は遊ぶことが大好きです。
遊んでいる時の顔は最高です。
遊びに熱中した時の顔は何と素晴らしいことか。
活発に遊ぶことこそ生き甲斐です。
子供は生き生きと遊ぶことによって
成長発育するものと信じています。
子供を存分に活動に熱中させようではありませんか。

安田　祐治

遊びの原体験と教師の信念

次の文章は、安田先生が子供のころの遊びを書いた一節です。

幼い頃は兄や親戚の姉さんの背中にくっつけられて年長の者の遊びの範囲内にいた。或る程度走れる様になると、村の中・海辺や川原を仲間と走り廻っていた。雨の日は家の中だが今の様な文明具はなく伝承的な遊びである。

何もかも自分達で考え、工夫し、作ったりしていたし、打ち身すり傷などはしょっ中である。薄《すすき》の葉で皮膚を切り軽い出血もした。出血はすぐ止まり血の固まった直線が残っている。その時に薬を塗りに家へ帰る子はいない。少し強い打撲で「うーん」と参っていても、少し休むと治ってしまう。こんなことは、日常茶飯事で何ら特別の事ではない子供たちである。

先生は1919年（大正8年）生まれですから、昭和初期のころの思い出ということになります。丹後半島の片田舎での生活ですが、子供の遊びの原風景は全国共通で、軽い「打ち身すり傷などはしょっ中」で、出血に驚いて薬を塗ったりしなかった、というのも全国どこの子供も同じでしょう。私の少年時代はこれより25年ほど後の昭和30年ころになりますが、遊びの原風景はまだほとんど変わっていません。世界的に見ても、とにかく子供は元気な風の子、太陽の子でした。

こうした遊びの原風景・原体験を現代社会に復活させるのは無理があり、たとえ疑似的な遊びの空間ができたとしても、子供たちの親が「危ないから」と言って、そこに近寄ることを止めるでしょう。

少子化とともにこうした過保護の傾向が強まり、何事も「安心安全第一」になっていきます。安田先生が校長だったとき「過剰手当」が目に余り、それを止めさせたと、こんなエピソードを書いています。

子供が絶えず保健室に来ている。見ると腕や脚に擦り傷をして薬という訳だ。養護教諭に「傷もなく出血もないのに何故薬を塗るのか」と問うと、「前の校長先生がどんな小さい傷でも丁寧に処置せよと言われましたので……」と。「傷も出血もしないのに薬は不要。小出血しているなら、先ず本人に『水道で洗って来い』と言い、それからその儘でよいか処置が必要か決めるのが教育だ」と言って過剰手当てを止めさせた。

こういうエピソード一つにも安田先生の潔い人格というか、お人柄がにじみ出ています。私は高校生のころ学校の先生になろうと思っていたので、なおのこと、教師としての安田先生の考え方や生き方に共感を覚えるのかもしれません。

余談ですが、ちょっとの傷でもすぐ消毒するのが常識と思われている方には、私が昔読んで目からウロコだった、次の本をお奨めします。『傷はぜったい消毒するな――生態系としての皮膚の科学』（夏井睦　光文社新書）

筋金入りの校長時代

安田先生が大人たちによって「禁じられた遊具遊び」を一つずつ復活させる運動を本格的に始めたのは、１９７２年（昭和47年）からでした。この年は、私はまだ28歳、独立創業して2年目のことです。「子供が遊ばなくなった」と保育園長に私が聞かされたのは、それからおよそ10年後ですから、安田先生の取組みがいかに先進的であったかと、今さらに思います。

小学校教師を14年務めた後、京都市教育委員会で指導主事として働いた安田先生は、南区の東和小学校に校長として14年ぶりに現場に戻りました。そして、子供たちが全く遊べなくなっていることに気づいて愕然とします。

調べてみると、子供が遊ばないのではなく、大人たちが遊具の使用を禁じていたのです。

当時の様子が京都新聞（昭和50年1月4日付）に紹介されています。

……一学期早々に「運動場では全員ハダシになろう」と提唱した。また、校庭にあるブランコやシーソー、雲梯などで、「危険だから」と、永年、児童に使わせていなかった遊具を一つずつ修理し、すべてだれもが自由に使えるようにする。その結果、子供のけがは前年度の二倍強――。

さっそくのこと周囲からは「校長は子供をモルモット代わりにしている」といった非難の声が出た。だが、安田さんはとりあわない。「けがを恐れていたら、児童はいつまでたっても自由に遊べないやないか」といって…。その翌年には移動式で六本足の回旋塔やすべり台つきのジャングルジムを自分で設計し、校庭の遊具の数を思いきって三倍にふやす。ところが子供の負傷事故はこの年を境にして激減した。

四十六年度五十五人（うち遊具でのけが十四人）、四十七年度七十一人（同二十九人）、四十八年度二十九人（同十人）といったぐあいである。遊具以外でのけがも共に減って、安田さんの「子供が思いっきり遊べるようになったら、けがの心配など不要」とする考えは、立証された。

世の風潮が「安心安全主義」に傾いているときに、まさに勇気ある決断と実行です。若い教師の時代から子供たちの遊びの現場を観察し、共に遊んできた経験もあるからこそ信念をもって実行できたのです。

東和小学校のあとは市内の２校へ校長として赴任、通算７年間の校長時代に安田先生の信念はますます筋金入りになっていきました。

半世紀以上の昔と現代の子供との間には、もう越えようがない環境の違いがあります。しかし安田先生は、環境がどれほど変わっても、子供の成長に最も大事なことは全身を使った遊びだという信念から、遊具のサイズや動線を常に研究し、遊具を考案し続けてこられたのです。

「まともな脳」と「まともな人間」

安田先生は、身体運動と脳（神経細胞）が密接に連動することで、「まともな脳」が育つという言い方もされています。言うまでもなく身体運動というのは、全身の機能を使っての運動のことです。

安田式遊具が目指すところは、ただ単に運動神経を発達させるということではなく、大勢の友達と夢中になって遊ぶなかで、ルールの大切さや人との協調を学び、「まともな脳」を育て、「まともな人間」に成長することだというのです。

家や園・学校で軽微な危険すらすべて除去しようとしている。小さな事故や怪我を経験してこそ、危険に対する知識判断や身体の対応技能も高まり、事後処置も出来るようになる。安全能力が育つのである。今は行き届く保育教育が大きく叫ばれる。行き届くとは本人にさせないで「してあげる」事だ。子供たちに必要な実体験を取りあげて脳の発達を妨げている事が多い。

遊びと勉強は矛盾しないし、楽しさは「楽（ラク）」をする事ではない。本当の遊びは困難に対して挑戦するものである。楽しいからこそ苦労もいとわず熱中するのであり、努力が大きい程満足感も得る自信も大きいのである。

与えられた内容を記憶するとか行うだけ、あるいはおとなしく従順で争わないだけでは、正しく逞しい自主的で協力的な人間形成は望めない。夢中になって活動する生活の中で育った「まともな脳」を持つことでのみ、「まともな人間」は育つのである。

私は毎朝、琵琶湖の瀬田川沿いを1時間ほど散歩しながらゴミ拾いをしているのですが、「まともな脳」を持った人間なら、こんなところにゴミを捨てたりしないと常々思うのです。

近年は、禁煙運動のおかげでタバコの吸い殻はさすがに減りましたが、飲み物の缶やペットボトル、弁当などコンビニ由来のゴミがだいぶ増えてきました。おそらく、ゴミを捨てる人は罪悪感など全くなく、無意識にやっているのでしょうが、無意識だからこそ問題なわけです。「まともな意識」であれば、ゴミなど捨てられないでしょうから。

戦後の民主主義教育においては、自由と平等、個人の権利や個性の大切さなどが強調されてきましたが、個人の自由や権利ばかりが肥大化して、社会に対する義務が全く不問にされました。その結果、自分に都合のよい権利ばかり主張して、他を顧みない人間を増産させてしまったと思います。わがままな自己主張をしていることに、本人は気づかない（無意識）ために周りに迷惑をかけ、問題をさらに大きくしてしまいます。学級崩壊、登校拒否、いじめと自殺、家庭内暴力や殺人に至るまで、教育の荒廃が叫ばれて久しいですが、それらの背景にあるのはまともな脳（考え方）ではない個人主義の横行です。

安田式遊具は、運動神経の発達したスポーツ選手を育てることが目的ではなく、夢中になって遊ぶことを忘れた現代の子供たちに、遊びの原体験をしてもらうことが最大の狙いなのです。そのプロセスのなかで、「まともな考え方」も育つというのが安田先生の体験的な信念でした。

脳の多面的な発育とは

さまざまな教育メソッドがあるなかで、モンテッソーリ教育の目指すところは、子供の自主性や独立心、知的好奇心などを育み、社会に貢献する人物を育てることであると言われています。

安田先生とモンテッソーリ教育についてとくに話し合ったことはありませんが、「安田メソッド」の主眼の一つである子供の自主性を育てることは、モンテッソーリ教育とも共通するところです。

その点を大切にしたいということは、子供の親も先生方も全く異論がないと思いますが、子供たちを指導するなかで、ついつい口を出し、手を出しがちになります。小さなケガを心配するあまり小さな危険を除いてしまったり、子供が判断に迷っているとすぐその答えを与えてしまったり。しかしそれでは子供たちが伸びようとする芽を摘んでしまうことになると、安田先生は強く戒めています。

高い所に登る、階段登りなどもハイハイ時に興味を示すが大人は阻止する。然し此の種の興味は此の年齢で適正な心情である。

大人は幼児の背後で見守ればよい。片手ずつ片足ずつ順に上げ、腕と膝に力を入れれば一段登る。これを繰り返せば階段登りをすぐに覚える。降りは階段が見えたら後ろ向きにならせ、片足ずつ片手ずつ下の段に降ろし胴体をずらす事を教えたら喜んでやり出す。

歩く前の幼児が階段昇降に熱中する。本棚の本落とし、鉛筆クレヨンでのグチャグチャ描きなど、皆脳の発育の重要栄養素である。以後の幼保での運動遊び、小学校時代の体育運動や冒険的な遊びなども脳の多面的な発育にとっての必要行動である。

ここでも安田先生は「脳の多面的な発育」という表現をして、身体運動が脳の発達につながることを強調しています。多面的とは、運動神経がよくなるとか、記憶力がよくなるとか、知能が発達するといったことだけでなく、実社会に出て役立つ「総合的な能力」を意味しています。

学校教育では、記憶力以外の創造力や統率力、企画力、決断力などは試験されない。だが、実際は社会に出て物を言うのは、それらの能力なのです。

安田先生はそれらの能力を一言で、「まともな脳」「まともな人間」とも表現したわけです。抽象的な言葉ではありますが、安田先生の発言と「安田メソッド」をじっくり読めば、その目指す方向が、モンテッソーリ教育など世界的に広がる教育メソッドの目指すところと変わらない、ということが理解いただけることでしょう。

私たちが安田メソッドの普及にやりがいと使命を感じるのは、まさにそこにあるのです。

脳とからだをコントロールする心

私は毎月10冊ほど、さまざまなジャンルの本を読んでいます。残念ながら最後まで読み切りたいと思う本が少ないのですが、最近読んだ『スーパーブレイン』(ディーパック・チョプラ／ルドルフ・E・タンジ　保育社)という本は非常に中身が濃く、共感共鳴することも多く、久しぶりに脳の刺激を受けました。

著者はディーパック・チョプラというアメリカの内科医師ですが、神経学や加齢遺伝子を研究している大学教授ルドルフ・E・タンジが共著者となっています。ベストセラーを数多く出しているチョプラは、米『タイム』誌による「20世紀の英雄と象徴100人」にも選出されているそうです。

本書によると、いま世界は脳研究の黄金期を迎え、脳に関する常識が次々と破られているということです。具体的には次のようなことです。

「傷ついた脳が自然に治ることはないといわれた通説は誤りで、約千億個ある脳神経細胞（ニューロン）は環境に応じて再配線できる。

ニューロン同士は1兆とも1000兆とも言われるシナプスで結ばれている。そして運動、精神的活動、社会的なつながりが神経細胞の発展を促すといった事実が判明した。

従って、脳の働きは決して固定的なものではなく、作り替えが可能である。以前なら思いもよらなかったような驚異の治癒力が脳に備わっていることが分かった」

といったようなことです。

雲梯　雲渡り

これまでは「人の大脳細胞数は140億で生涯増えることはなく、年齢とともに減少していく」というのが脳科学の通説でしたが、最近では他の脳科学の本を読んでも、そ

體を自在に操る極地を求めて

の点は否定されています。

それはともかく、私が本書のなかで大いに共感したのは、繰り返し強調されている次の言葉でした。それを平たく言えば、

「人生を豊かに幸せに送りたいのなら、自分の脳にコントロールされるな、〝あなた〟が自分の脳をコントロールしなさい」ということです。言い換えると、自分の脳の主人は「あなた」であり、脳が「あなた」の主人ではないということです。

そう言われてみれば、確かにそのとおりだと思うでしょう。ところが実際のところ、脳にコントロールされていると言わざるをえない人が少なくないように感じます。

たとえば、何事にも対して消極的でネガティブなことばかり言う人、周りの人の悪口や批判ばかり言う人、感謝の気持ちに欠ける人、などです。そう思うのは、私自身が超ポジティブを自負しているせいかもしれませんが、ネガティブな考え方に支配されている人は、人生そのものが不幸なマイナス方向に流されてしまいます。この点について『スーパーブレイン』でチョプラはこう書いています。

人間の脳が興味深いのは、『できると思っていることしかできない』という特性があることだ。

あなたの脳は、『できる』と思っていることしかできない。逆に言えば、あなたが『できない』と考えていることは、できないのだ。


安田先生が「まともな脳」という言い方をするのは、右の意味合いと全く同じだと思います。「安田メソッド」では、たとえば逆上がりが「できない」と思い込んでいる引っ込み思案の子供を、自分も「できる」と思わせる指導法があります。簡単な動作のなかで仲間と群れて楽しむうちに、先生の言葉掛けと動きで「やってみたい」「できそう」というようにスムーズに導くのです。

安田先生は体験に基づいて言葉掛けをはじめとする指導法を体系づけられましたが、最新の脳科学において、安田メソッドの裏付けとなるような発表が多いのは嬉しいことです。

たとえば、安田メソッドでは、子供をほめてやる気を起こさせたり、力強く求めたり、勇気づけしたり、緊張をほぐしてリラックスさせたり、といったことを重視しています。つまり「脳とからだ」を動かすのは心（気持ち、感情）だということです。そのことがいかに大切であるかということを、前書『スーパーブレイン』から引用します。

やる気の喪失は、脳、精神、感情、行動において、今後の人生すべてにおける好機に影響を及ぼす。

脳をうまく働かせるためには、刺激が必要である。しかし、刺激よりも子どもの感じ方のほうが重要なのも明らかである。それは、精神的かつ心理的なものだ。落胆したこどもと脳の関係は、勇気づけられた子どものそれと異なっており、脳の反応も必然的に異なる。すべては良くも悪くも、心と脳のかかわり合い方の問題である。決意、意思、忍耐、希望、熱意といった心の持ちようが、すべての違いを決定づけているのだ。つまり、やる気をなくした子どもが残念な行動パターンから抜け出すには、心と脳に新たな関係を築く必要がある。

安田先生が言う「脳の多面的な発育」を促すためにも、運動遊びのなかで健やかな心を育てることが大事なのです。

からだが脳神経のネットワークをつくる

からだが元気なときはあまり意識しませんが、病気を長患いすると、「からだと脳は密接につながっている」という当たり前のことを痛感させられます。たとえば風邪が長引いたときに、「あそこに行きたい」「次はこうしたい」といくら頭で考えても、からだが言うことを聞かないし、やがて考える気力も萎えていきます。

日本の武道では「心技体」という言葉がよく使われます。心（脳・精神）とからだの統一があって初めて、名人級の「技」に到達できるということですが、私たちの普段の行動においても、心とからだがばらばらでは望むような結果は得られません。

転びそうになったとき、とっさに手が出るのは脳神経が筋肉に指令を送っているからで、それが正常な反応なわけです。それでも何かに気を取られて不注意だったとき、あるいは高齢になって反射神経がにぶくなった人は、とっさの反応が遅れて手が出ないこともあります。しかしその場合でも、致命傷となるのをさける意識が働くせいか、頭や顔をかばおうとして、腰や肩などから倒れたりします。ですから、『子どものからだと心　白書』のアンケートにもあるように「転んで顔から倒れる」というのは、脳神経が正常にはたらいていないからではないかと考えざるをえないのです。

月刊『致知』（平成22年2月号）の取材を受けて、安田先生は

試遊館のジャングラミング

こんな発言をされています。

この頃幼稚園や保育園で、転んで顔を怪我する子が多いんです。七、八年前までの子は、顔を横に向けたり、手をサッと出したりして防いだけど、最近はちょっと転んだだけで鼻の骨を折ったりする。倒れそうになった時にとっさに対応ができない。それは脳の問題です。すべての動作、活動は脳が筋肉に命令するんですから。

さらに安田先生は「脳神経の発達」についてこう述べられています。

私が遊具の設計で一番重視しているのは、体力増強ではないんです。脳神経を発達させることなんです。体が動くというのは脳の働きです。近年脳科学が発達して、運動させながら脳の活動を詳細に観察できる機械ができましたから、身体運動がいかに脳の発達に重要かが分かってきたわけ。

実際のところ現代の脳科学では、からだが脳をつくるということが実証されています。『進化しすぎた脳』(池谷裕二　講談社)によると、「脳の地図はダイナミックに進化する」と、次のように述べています。

人間の体には指が5本備わっていることを脳があらかじめ知っているわけじゃなくて、生まれてみて指が5本あったから5本に対応する脳地図ができたってことだ。ところが、生まれたときに4本しかなかったら、脳には4本に対応する神経しか形成されない。言ってみれば、脳の地図は脳が決めているのではなくて体が決めている、というわけだ。

脳というのは一回地図ができ上がったら、それでもう一切変わらないという堅い構造ではなくて、入ってくる情報に応じて臨機応変にダイナミックに進化しうるんだ。

たとえば、バイオリニストの脳は指に対応する脳の部分がよく発達するように、からだのどの部分をよく使うかによって、その情報が大いに脳に影響を与えているということです。

しかし、「脳の地図は体が決めている」というのは明らかではあるけれど、脳を科学すればするほど脳という小宇宙の謎と神秘は深まるばかりで、心（意識）の問題は解けないと著者は率直に書いています。

脳地図とは、すなわち脳神経の発達地図ということですが、私たちが繰り返し提言し

ていることは、三つ子の魂のとき（幼児期）からの「まともな脳神経」の発達を促す運動遊びの有効性です。スポーツ選手のように繰り返しの訓練的な運動で脳神経を発達させようというのではなく、子供たちが楽しく遊ぶなかで自然にその地図を描いていく、というのが安田先生の考案した安田メソッドなのです。

安田先生は、遊びと脳の深いむすびつきを繰り返し強調されていますが、半世紀以上にわたる教育現場での実感から言っておられるだけに説得力が違います。

先に述べたように、脳科学の世界では日進月歩で研究がすすみ、「大脳皮質細胞は生涯増えることはない」という通説は否定され、大人になったヒトの脳でも新しい神経細胞が生まれることが明らかになりました。

世紀の天才・アインシュタインの脳は平均値より10パーセントも軽かったそうですが、遺伝子の研究が始まる前のことだったので、それまでは脳の重さやシワの多さが、脳力だと思われていたのです。ところが今の脳科学では、そうした物理的なだけの考え方は否定され（脳の重さと天才は無関係）、脳の老化やアルツハイマー病さえ治せるという段階にきているということです。

超高齢化社会の昨今、脳が萎縮するアルツハイマー病が大きな社会問題ともなっていますから、脳の神経細胞が新たに増えるということは人類にとっての大光明でしょう。しかしそれはそれとして、神経細胞（ニューロン）同士の複雑なネットワークは体験や学習によって形成されるものですから、「からだが脳をつくる」という仕組みには何ら変わりはないわけです。とくに運動や知覚など脳の最も高次な機能をつかさどる大脳皮質（新皮質）の神経細胞を活性化させる（脳地図を形成する）ためには、小さい子供のうちからの運動が必要不可欠であることは、経験上からも脳科学の知見からしても明らかです。

三つ子の魂の幼児期こそ

子供たちはテレビゲームなどに夢中で外遊びをあまりしなくなった……、というのは日本に限らず先進国といわれる国々の共通課題のようです。次に紹介する文章は、外国の雑誌の日本版ですが、日本の状況とほとんど同じです。

ほとんどの心理学者が、遊びにはよい効果があり、その効果は成人期まで続くと考えているが、遊びを経験したことのない子どもにどの程度の害が生じるかについては必ずしも意見が一致していない。というのも、たっぷり遊ぶ時間もなく成長する子どもというのは、過去にはほとんどいなかったからだ。

子どもの自由遊びの時間は、1981年から1997年までに3／4に減った。子どもをよい大学に入れるため、両親は遊びの時間を削って、子どもにもっと系統だった活動をさせるようになっている。いまでは、幼稚園から、子どもたちの放課後の時間は音楽やスポーツのおけいこ事で埋め尽くされている。遊びの時間こそが創造性や協調性を伸ばすというのに……。

これは『こころと脳のサイエンス』(01号)というアメリカの雑誌で、その日本版が日経サイエンス社から発行されています(2010年3月24日発行)。右に紹介した文章は「遊ばないとダメ！」という特集記事の一部です。

子供の外遊び時間が極端に減っていったのは、テレビゲームが流行りだした1980年代からというのは日本も同じでしょう。しかしマスコミや世間がようやくそこに気づいたということで、安田先生は10年以上前から危機感を持って取り組んでいたわけです。

このアメリカの雑誌記事が総括的に締めくくったのは、幼児教育の専門家や行動神経科学者の、親たちに対する警告の言葉でした。

親が心配するのはあたりまえだが、子どもを保護しすぎるのはコストを先送りしているだけだ。子どもたちは将来、予測不可能で複雑な世界で、困難に対処しなければならなくなるのだから。

（幼児発育の専門家　エルキンド）

親たちは子どもを子どもらしくさせておくべきだ。それは単に子ども時代は楽しくあるべきだからというだけでなく、子どもの束縛のない喜びを否定すると、子どもの好奇心や創造性が伸びないからだ。好奇心、想像力、そして創造性は筋肉に似ている。使わなければ、衰えていくだけなのだ。

（行動神経科学者　ペリス）

「創造性は筋肉に似ている」というのは、おもしろい表現です。これを言い換えれば、遊ぶことでからだ（筋肉）をつくることが脳神経を発達させ、豊かな創造力を育んでいくということになります。

安田先生も私たちの世代も、子供のころに楽しい外遊びをたっぷりしてきました。「遊んできなさい」と誰に言われるまでもなく、日が暮れるまで夢中で遊んでいました。だからこそ、「遊ばないとダメ！」と言わなくてはいけないこの現実に、非常な危機感を感じるのです。

「三つ子の魂の幼児期にこそ、楽しい外遊びで好奇心、想像力、創造性を育んでおかなくてはいけない」と、安田先生は述べられています。

霊長類学の父と呼ばれる今西錦司はその著『自然学の提唱』（講談社学術文庫）の「自然をどう見るか」という論のなかでヒトの感情、感性は大脳皮質がつかさどるところで、それらの良し悪しを決めるのは幼児教育に係っている、と述べています。また、科学者・技術者を育てるよりも難しい感性、感情の教育は動物行動学のインプリント（刷り込み）という言葉を用いて幼児期に行わなければならないと説明しています。

脳でいうと、ヒトの基本動作・記憶等々におけるシナプス形成が完成する3歳ころまでに、美しい物に感動する心や他人への思いやり等々を幼児のそばにいる母親や保育士などの適切な行動によって子供たちの脳にすりこまれ、脳の深いところにインプリントさせることは可能であり、重要なことである、と私は考えます。

そして、子供が熱中する体育遊びは人を大切にし、他人に好まれる人づくりにつながる素晴らしい三つ子の魂形成に大いに貢献できると確信しています。

幸島にて

日本霊長類学会はニホンザルの研究でよく知られる京都大学名誉教授の今西錦司によって１９４８年に創設されています。安田先生は、常日頃からヘッケル（ドイツの動物学者）の「個体発生は系統発生を繰り返す」という生命発生原則の理論から、子供の遊びには、樹上遊びが大切だと強調されていました。

そこで私は先生と一緒に日本霊長類学会に入会し、京都大学の霊長類研究施設が設けられている宮崎県の幸島（海水によるサルのイモ洗いでも有名）に野生猿の実態を見に行きました。

また、愛知県の日本モンキーセンター（犬山市にあるサル類専門の動物園。京大霊長類研究所も隣接）を見学したとき、鉄パイプで作られた人工の森で楽しそうに遊びまわっているサルたちを見た先生が、「吉川君、私の考えた遊具は間違ってなかった」と嬉しそうに語られたのを思い出します。

「樹上遊びで脳が育つ」

近年は、子供の運動能力が目に余るほど低下していることに加えて、脳科学の知見なども世間に広まってきたせいか、幼児教育関連の雑誌ではさかんに「運動と知能の発達」（心身のバランス）に関する特集記事を載せています。

ジャングラミング

『Ｂａｂｙ　プレジデント』（２０１１年9月15日発行）では、「知能が上がる運動メニュー」を特集しています。もう10年以上前の発行ですが、内容は古くなっていないので大見出しや小見出しの一部を紹介します。


「３歳までに平均台、ボール遊びがなぜ重要か？」

「どうして運動すると頭がよくなるのか」

「子どものときに運動していないと心は育たない⁉」

「５歳までが運動好きになれる黄金期」

「毎日体を動かす子は情緒が安定、集中力もついてきます」

「前向きな心を生むセロトニンが増えます」


こういう見出しを見ただけでも、「そのとおり」だと思いますが、残念なのは床で遊ぶ運動がほとんどで、高いところによじ登ったり、手の握力や腕の筋力をつくりだす樹上遊びが全く紹介されていないことです。都心部の小さな園の限界かもしれませんが、狭いスペースでも移動式の安田式遊具なら設置することが可能です。

「樹上遊びで脳が育つ」と、安田先生は高所での遊びの重要性を、次のように語っています。

本来、子供たちは原っぱや森や川など自然の中で伸び伸びと走り回り、木登りなどして遊ぶのが一番好きなはずです。今は都会ではとてもそんな自然あふれる環境はないし、木登りしたくても大人が制止したりしてできない。そこで、その代わりになる遊具として考案されたのが、雲梯、鉄棒、ジャングルジム、ブランコ、懸垂シーソー、懸垂回旋塔、平行棒、登降棒、つり輪であり、それらの面白い部分を全体的に集約したのが総合遊具です。京都市の小学校にある総合遊具は私が考案、設計しました。

地上よりも高い所で遊び、運動するわけですから、おのずと恐怖心を克服し、技が多様となり、複雑巧妙な変化など興味深く、満足感のある遊びができます。

事実、ジャングルジムや雲梯、懸垂回旋塔や登降棒などは子供たちに大人気の遊具です。とくに木登りは、人間の野生本能として、三つ子の魂にその記憶が刻まれているようです。そのせいかジャングルジムを見ると、子供たちの体は自然に動きだします。そして自分の体力の続くかぎり、まさにサル山のおサルさんのように喜々として遊びながら脳が育ち、「心身のバランス」をつくりだしていくわけです。

「私は木に登った経験がない」とか、「私は高所恐怖症だから」という親の理由で、自分の子供まで木登りを制止するというのはどうかと思います。それでは人間本来がもつ健全な本能を否定することになるでしょう。怖いと思っても、かわいい子には旅をさせよ。多少のリスク（冒険）を経験させることが大切です。

第5章

リスクがあるから楽しく遊ぶ

——遊具のリスクとハザード

子どもは言う
おもしろいなー
がんばり　がんばり
やったらできる
先生！　がんばり豆だぜ　見てえ
もう一回やろ
先生しんどかったな　でもまたやろうな
先生もうやめんの　まだやろう
あした　つづきしょうな

安田　祐治

子供たちの「がんばりまめ」

〝不注意な〞サルは木から落ちる

「サルも木から落ちる」という諺がありますが、「よく遊ぶ子供は遊具からほとんど落ちたりしません。ケガの件数が少なくなるのは統計が証明してくれています」と安田先生は断言しています。それでもサルが木から落ちたり、子供が遊具から落ちたりするのは、よほど不注意な場合ということでしょう。樹上でもヒトはサルに負けていないと、『輝け！命』に投稿いただいた園長先生の文章に、こんな微笑ましいシーンがありました。

都田保育園　吊り輪

子どもは、「今の自分」にできることを繰り返し試み、「できる」ということに満足しながらも、同時に次へのステップへと意欲を膨らまし、挑戦を始めていきます。そこにはもう恐れの気持ちはありません。「できる」という自信が、「……なりたい！」という気持ちを掻き立てるのでしょう。

遠足で動物園に行った時のことです。テナガザルが池の上のつり橋を、長い両手をめいっぱい広げて渡っていました。

つり輪　振り渡り

「おさるさんも吊り輪上手だネ」と子ども達。いえいえ、あなた達こそ、おサルさん以上にすごいと思います。今では、二歳児も吊り輪にぶら下がって、身体をゆらゆらさせて、吊り輪を渡ろうとしています。

安田先生の考案された「安田式遊具」が子どもの中で輝きを放っています。先生の思いが、子ども達の身体に届いていることを私は実感しています。

（静岡県浜松市　都田保育園・園長　下原直美）

安田式遊具はむしろ多少の危険性のある遊具だからこそ、子供たちはみずから注意・集中して遊び、落ちたりしても大ケガにはいたらないのです。ちなみに遊具の設計においては、リスク（小さなケガ）とハザード（大ケガ）についての指針が国（国土交通省）から示されていますが、それは次章で改めて考えていきます。

第3章の『子どものからだと心　白書』の報告のなかで、「保育中、じっとしていない」子供がかなり多いことが問題になっていましたが、普段から運動量の多い子供は、「注意力・抑制力」といった心もしっかり育っており、「保育中、じっとしていない」ということなどはないと報告されています。

また、運動好きの子供は、運動嫌いの子供と比べたら明らかに集中力が高く、何事にも前向きで友達とのコミュニケーションもさかんという報告もあります。

考えてみればこれらは当然のことでしょう。楽しいことをするときは、子供に限らず大人でも集中力が高まるものです。集中力が高いときには不注意も少なくなり、たとえうっかりミスがあったとしても、それはすぐ修正できる範囲のミス（小さなケガ）でおさまります。

木登りが遺伝的にも優れたサルが、木から落ちるというのはよほどのことでしょうが、落ちたとしても反射神経にすくわれ致命的なケガをすることはないと思います。同様に、安田式遊具でよく遊ぶ子供たちが、うっかり手や足を滑らせても小さなケガですむわけです。そしてまた、子供たちはうっかりミスを失敗の学びとして脳内にインプットすることになり、バランス感覚や抑制力、集中力をさらに高めていくことになるのです。

遊びで育つコミュニケーション能力

引きこもりになりがちな子供の特徴の一つとして、コミュニケーション能力の低さが挙げられています。コミュニケーション能力というのは、大人社会においても人間関係をスムーズにする重要な要素です。逆に言えば、人間関係をうまく作れないからコミュニケーション能力が育っていかないとも言えるわけです。

子供のときには、大勢の仲間と群れて遊び、もまれることで自分と他者の痛みを思いやる感性やいろんな情操、能力、社会性を身につけていくのです。家の中に閉じこもって一人で過ごすということは、脳の発達にもよくない。人間は一人では生きていけない存在です。幼年期から社会への適応能力を総合的につけておくためには、家の外で仲間と元気に遊ぶことが最も大切なことなのです。

安田先生はそういう観点から、遊具の設計において仲間との交流をとても重視していました。一般の公園用遊具は何人もがいっぺんに遊べないので順番待ちがあったり、動線が決まっていたりしますが、安田式遊具の場合、一斉に大勢の子供が遊べます。

これまでの遊具は遊び方が決まっとるでしょう。すると上手な子はできても、下手な子はできないままで、工夫して遊び方が上達することもありません。

私の遊具やったら、上手な子は難しい所に行きよるし、下手な子は易しい所に行きますわ。必ず自分の能力に合った場所があるからどの子も遊べるんです。そして上達したらどんどん高度な所に移れるし、難しい所でやっている子も、使い方を工夫して違う遊び方ができる。そうやって一人ひとりが自分と相手の能力を知って、助け合いながら楽しむ中で、社会性も育つし、人格も養われていくんです。

そこで何が起きるかというと、遊びながらのコミュニケーションです。「○○ちゃん、それはこうするんだよ」「こうしたほうがうまくいくよ」と子供同士が教え合ったり、やり方を聞いたり、真似したりして遊んでいます。

ルールの決まったチームプレーの体育遊具ではないのに、自然とチームワークプレーのような空気が醸し出されていくのです。こうしたコミュニケーションのなかで、できる子はできない友達の気持ちを気遣ったり、助けたりして互いに成長していきます。安田先生が言う「まともな脳」というのは、周りの相手を気づかったりする心の成長も当然含んでのことなのです。

コミュニケーション能力を養うことを大切にするために、「安田メソッド」では、指導者が「教え魔」になることを厳に禁じています。子供のスキルを少しでも早く上げてあげようと、指導者はとかく過剰なフォローをしたくなります。たとえば鉄棒の逆上がりで無理に子供のお尻を押し上げるといったようなことです。しかしそれでは子供自身の達成感は満たされません。

安田先生は、こんな比喩で「達成感」について語っています。

二輪車は転ぶから三輪車より危険だけど、乗りこなせたら達成感があっておもしろいでしょう。そうやって能力が上がるんです。子供がせっかく二輪車を乗りこなそうとしているところに三輪車を与えたら、過剰なフォローになってしまいます。仲間と遊ぶ子供たちを見守りながら、必要に応じてちょっとしたヒントをあたえ、出来なかったことが出来たらその場で褒めてあげる。それが幼児教育の指導者としていちばんの役割です。

仲間遊びで社会性を身につける

何事でもそうですが、人は困難を乗り越えたり、それまでできなかったことができたりしたときに喜びを感じます。そのむずかしさの度合いによって喜びは大きく、深い満足すなわち「達成感」は意欲や自信にもつながっていきます。しかし安田式遊具は、満足や達成感を得るためだけに作られたものではありません。

安田先生は、遊びと文化の密接な関係を証明したホイジンガ（オランダの歴史学者）の『ホモ・ルーデンス』をはじめ、カイヨワ（フランスの哲学者）の『遊びと人間』、体育・スポーツ心理学者の松田岩男の説などを集約して、次のように言っています。

運動遊びの本質は夢中になって動きを楽しみ、模倣、変身、共感、協力、競争、達成、克服を体感させることだと思っています。特に、競争、達成、克服というものが感じられなく、夢中で動きを楽しめないような遊びでは、遊びとは言えないのです。

ただし競争といっても、幼児教育としての遊びですから、順位を争うスポーツの競争とは一線を画しています。遊びはただ楽しいからする、というのが大前提であり、楽しい範囲内での競争です。

安田先生はまた「遊びの要件」として次の4点を挙げています。

①自発・自主・自律・自由
自分が楽しみたい、自分がやりだす、自分で考えた、自分がやりたい。
②公平
決まりに従う。誰もが守る。
③非日常性
日常生活では許されないが、その遊びのなかでは、その遊びの約束・決まりを守っ

て楽しんで熱中する（幼児は生活が遊びだから発達段階により許容される）。

④共楽・共感（社会性）

人と共に楽しむ、人を困らせない。遊びと訓練の違い。

脳の発育を促すという意味でも、「克服」や「達成」は重要な要素ですが、共楽・共感（社会性）を度外視した遊びではいけないと、安田先生はこう述べています。

身につけさせたい知識・技能及び態度は与える遊びのなかに散りばめ、幼児がその遊びに熱中するなかで自然と身につくように工夫することが大切なのです。

子供たちは仲間と熱中する遊びを繰り返すことで身体や脳の発達を促し、手足が訓練され、知恵を増やし競争・がまん・思いやり等の大切な社会性を身につけます。

社会性とは、すなわちコミュニケーション能力と言い換えてもよいわけですが、生物学、生理学、自然学などの知見をまじえながらも安田先生が常に行き着くところは「人間教育」です。楽しい仲間遊びのなかでの教育的効果をねらっているわけです。

第3章で私は、「徳育」についてこう書きました。

『食育・知育・体育は三位一体』ということです。そして徳育というのはその三位一体のなかに融合している、というのが私の認識です」

言い方を変えると、徳育とは、社会性を身につける「人間教育」ということになるでしょうか。

①の「自発・自主・自律・自由」で個人の克己心（克服・達成）を養い、それに加えて②③④では社会性（コミュニケーション能力）を養う。これはまさに現場を知り尽くした安田先生の経験知から導き出されたものと言えるでしょう。その経験知に基づき、「おもしろい・楽しい」を大前提として、遊びの本質と要件を満たした設計思想によって作られたのが、安田メソッド（安田式遊具とその指導法）なのです。

チャレンジしたくなるリスク

子供たちは変化が大好きです。また、簡単ではないことにチャレンジすることも好きです。なぜなら何度もチャレンジできる楽しみがあるからです。

安田式遊具のなかでもとくに子供たちに大人気のジャングラミングは、樹上遊びを

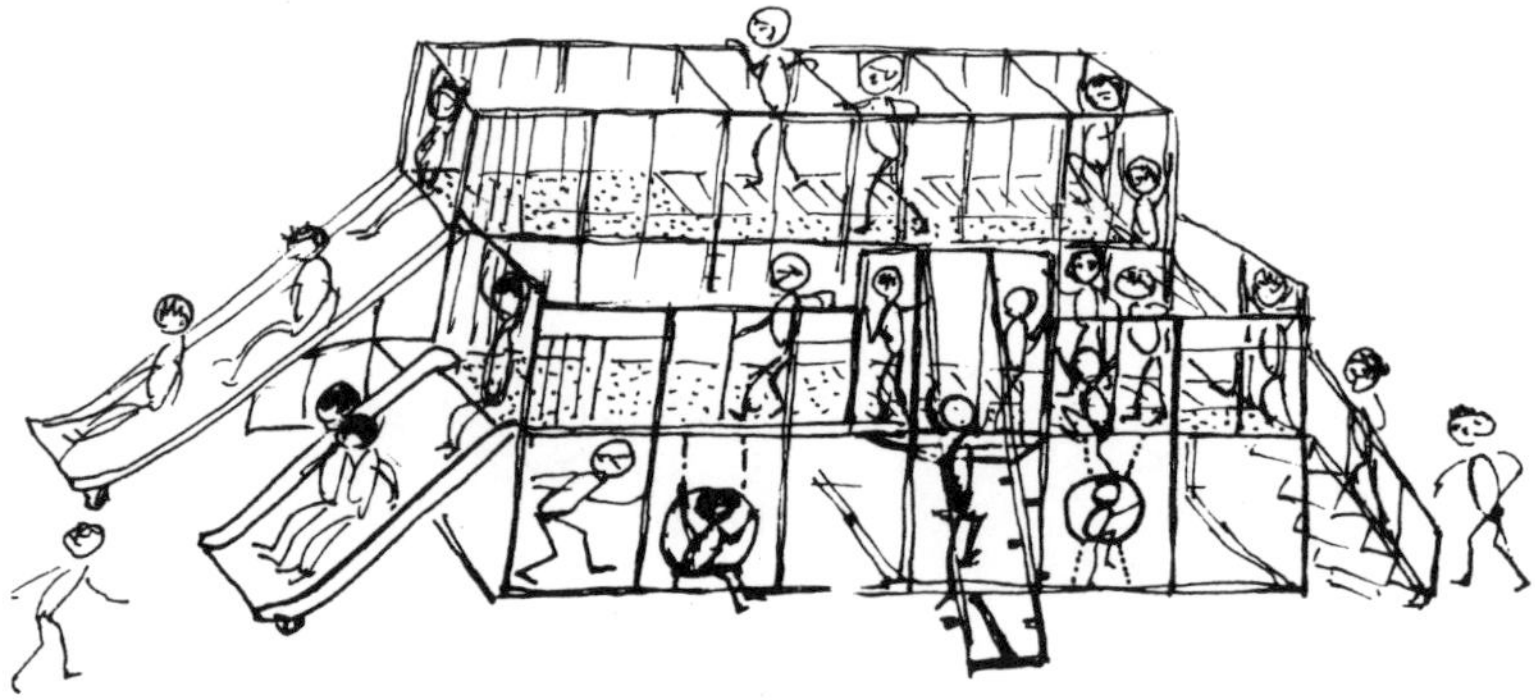

ジャングラミング

テーマにした総合体育遊具で、ジャングルジム、登降棒、滑り台、雲梯、鉄棒など、あらゆる要素が盛り込まれています。変化に富んださまざまな場面が、楽しさと冒険心を刺激します。

ジャングラミングでは大勢の子供が一時に入り乱れるなかで、互いにぶつからないように相手を気遣ったり、年長の子が年下の子に順番を譲ったりします。つまり「相手の気持ちを汲む共感能力」が遊びのなかで育っているのです。おもしろければ、飽きることなく、1時間以上も遊び続けます。仲間との遊びを通して子供たちはコミュニケーション能力、すなわち社会性を身につけていくわけです。

しかしいくら遊び好きの子供でも、おもしろくない遊具はすぐ飽きてしまいます。保育園・幼稚園でも「子供が遊具で遊ばなくなった」とよく聞くようになったのはリスクがない安全第一の公園用遊具だからです。

おもしろい・楽しい遊具の条件の一つは、チャレンジしたくなるリスクがあるかどうかです。安田式体育遊具が子供たちを飽きさせないばかりでなく惹きつけるのは、そのリスクがほどほどにあるからです。ところが残念なことに安心安全を第一とする大人のなかには、「それはリスクではなくハザードだ」とみなす人もいます。それが結果的に、子供からチャレンジ意欲を奪うことになるだけでなく、小さな危険からも身を守る術を教えないことにもなるのです。

しかし実際のところ、リスクとハザードの境界というのは、その判断が微妙なところがあるのは事実です。遊具の形や構造上の問題だけでなく、「遊びとは何か」という考え方の違いによっても変わってきます。屋外遊具を造るメーカー（遊具業界）としては、製造物責任がありますから、リスクとハザードの違いや安全性・危険性についての基準がないことには困ります。そこで公園などを管理する監督官庁の国土交通省が「指針」を示しているわけです。

「遊具」に関する国土交通省の指針

「都市公園における遊具の安全確保に関する指針」（国土交通省発行　平成14年3月）は、Ａ４判・50ページほどにまとめられています。

遊具におけるリスクとハザードの定義や意味、曖昧なその境界、安全確保や安全対策の考え方までを記述しています。遊具業界ではこの指針と安全基準をもとに遊具の設計・製造を行っているわけです。安田式遊具にしても国土交通省の指針はむろん参考にして、ハザードはなくしていますが、子供にとってチャレンジしがいのあるリスクはできるだけ残しています。

では、リスクとハザードとの違いはどこにあるのでしょうか。国土交通省の「指針」では、「遊びにおけるリスクとハザード」についてこのように表現しています。

子どもは、遊びを通して冒険や挑戦をし、心身の能力を高めていくものであり、それは遊びの価値のひとつであるが、冒険や挑戦には危険性も内在している。

子どもの遊びにおける安全確保に当たっては、子どもの遊びに内在する危険性が遊びの価値のひとつでもあることから、事故の回避能力を育む危険性あるいは子どもが判断可能な危険性であるリスクと、事故につながる危険性あるいは子どもが判断不可能な危険性であるハザードとに区分するものとする。

リスクは「事故を回避する能力を育む危険性」「子供が判断できる危険性」

ハザードは「事故につながる危険性」「子どもが判断不可能な危険性」

こうして並べてみると、ハザードは端的で理解できるのですが、リスクのほうはやや抽象的です。

そこで「指針」では、「リスクの意味」をより具体的にこのように記しています。

リスクは、遊びの楽しみの要素で冒険や挑戦の対象となり、子どもの発達にとって必要な危険性は遊びの価値のひとつである。子どもは小さなリスクへの対応を学ぶことで経験的に危険を予測し、事故を回避できるようになる。また、子どもが危険を予測し、どのように対処すれば良いか判断可能な危険性もリスクであり、子どもが危険を分かっていて行うことは、リスクへの挑戦である。

この文章の最後に、「子どもが危険を分かっていて行うことは、リスクへの挑戦である」という表現で納得されると思いますが、それでも「うちの子は判断できない」といって、リスクを回避させようとするなら、それこそ子供が自らチャレンジしようとする機会を奪うことになります。

一方のハザードについて国交省の「指針」では、こう明記されています。

遊びが持っている冒険や挑戦といった遊びの価値とは関係のないところで事故を発生させるおそれのある危険性である。また、子どもが予測できず、どのように対処すれば良いか判断不可能な危険性もハザードであり、子どもが危険を分からずに行うことは、リスクへの挑戦とはならない。

＊子どもが危険を分かっていて行うことは、リスクへの挑戦である。

＊子どもが危険を分からずに行うことは、リスクへの挑戦とはならない。

このように危険の意味を並べてみると、さらによく理解できます。

リスクに対する「指針」の考え方には何の異論はありませんが、子供の年齢によって判断力や体力に個人差があります。そこで「指針」ではさらに「リスクとハザードの境界」についてこう記しています。

リスクとハザードの境界は、社会状況や子どもの発育発達段階によって異なり、一様でない。子どもの日常の活動・経験や身体能力に応じて事故の回避能力に個人差があり、幼児が小学生用遊具を利用することは、その遊具を安全に利用するために必要な運動能力、危険に関する予知能力、事故の回避能力などが十分でないため、ハザードとなる場合がある。

都市公園の遊び場は、幅広い年齢層の子どもが利用するものであり、一つの遊具において全ての子どもの安全な利用に対応することは困難であるため、遊具の設置管理に際しては、子どもの年齢層などを勘案する必要がある。

これに続いて、「遊具に関連するリスクとハザード」についても、それぞれに「物的な要因、人的な要因」があると解説しています。煩雑になるので省略しますが、遊具メーカーはこの指針に基づいて公園用遊具を作っています。公園には管理者がいませんから小さなリスクすらなくしてしまい、可愛らしいデザイン重視、安全第一の遊具を製造するのです。これでは子供がすぐ飽きるのも当然でしょう。

各施設の遊具比較

私が初めて安田先生と出会ったその日、自宅庭にある研究室の地下に案内されて拝見した多くの資料のなかに、「競技場、学校、公園における施設・遊具比較」という表と、それについて解説した安田先生の文章がありました。この表は、第22回全国体育施設研究協議会（（財）日本体育施設協会主催、文部省後援）での講演要旨の文章とともに記載されていました。開催年月日は、１９６９年（昭和44年）５月21～23日、安田先生が最初に校長として赴任される3年前のことです。

おそらく園を運営する方でも、幼児教育の専門家でも、この資料を見ただけではすぐピンと来る人は少ないと思います。当然といえば当然なのです。なぜなら安田先生のように自ら体育（体操）することを愛し、子供たちを指導し、教育者にも教え、なおかつ体育遊具を自分で考案した人は世界にただ一人しかいないからです。

私にしても遊具に関しては全くの素人でしたが、この資料を読む前に、先生が丹念に記録した8ミリフィルムや16ミリフィルムを見せていただき、子供たちが安田先生指導のもとにイキイキと元気に熱中して遊具で遊んでいる姿に感動していました。手作りの竹ヒゴで造った遊具のモデルや数々の資料も読んでいた後だけに、安田先生が書かれた解説文（『遊具比較』）はすんなりと理解できたのです。長くなりますが、そのまま紹介します。


競技用の施設と公園の遊具のねらいや色を混同する人は誰もいないと思います。しかしその中間にある学校施設については、多くの専門家が携わり、最も多く使用されているにもかかわらず、案外明確な考えのもとに製作、設置してあるとは思えないものが多いのです。

実状としては、競技用遊具と公園用遊具を持ち込んだということが言えます。

これはひとつには貧しい予算の枠にしばられているためとも言えますし、ひとつには学習内容として競技を行うために競技施設がそのまま採り入れられ、低学年の子供のために公園用遊具がまたそのまま用いられているということです。

競技用施設と学校の教育施設で使用する教育用遊具と、公園用遊具では、その使

遊具の比較表

項目	競技場	学校	公園
ねらい	正しい技能発揮 ・競技 ・練習	正しい教育と能率 ・学習（運動） ・遊び（運動）	楽しさと豊かさ ・遊び　・娯楽 ・休養　・保養
使う者	選抜された選手 技最優秀者	個人差の大きい多数 発育・発展途上の者	未熟者 未発達者 成人・子ども混合
使う人数	少数	学習集団（多数同時）	個人・家族 遊び仲間 （不特定多数）
観覧者	不特定多数	なし（年数回のみ）	なし（競技開催時は別）
安全	施設・器具の整備	安全な施設・器具 集団の管理	安全第一の施設 施設の整備 保安
秩序	自主的 （スポーツマンシップの備わった人々）	教師の指導・管理 学習集団の自治	自由
役員施設	重要	ほとんど必要なし （指導施設は必要）	自由
競演技施設	競技規則通り それ以上	規格を縮小 指導・教育的規格 発育・活動中心の構造	競技規則不必要 安全・興味

用対象・活動内容・管理条件などから非常に大きな違いがあるものと考えます。

競技用の施設は、少数の選手が公正にかつ十分の力を発揮して競技できるように公認の規格で作ることが要求されます。

しかし学校など教育施設のものは、未発達・未訓練の者が多数いるので、それらを発育段階や能力に応じて教育するための遊具でありま す。したがって公認の施設はいらないかわりに、安全性や集団管理および多数使用時の能率というようなことが重要になります。公園のものは多数といっても、それは家族づれとか、友達などの小グループが来て、自由に遊んでいくということであり、教育的意図や訓練的意味はそれほど重要ではありません。比較的未熟の者でも安心して遊べるような条件をそなえておればいいのです。

しかし学校は短時間に多数の者が、教師の指導で、あるいは自主的に同時活動することが条件になります。したがって公園用遊具をそのまま持ちこんでもその効果を期待することは無理と言えましょう。

この文章に続いて「遊具の比較表」を見て、「なるほど‼」と、私は膝を叩いて納得したのでした。そしてすぐさま私は言いました。

「安田先生、私を弟子にしてください！」

私が安田メソッドの普及に一生をかけて本気で取り込もうと思った瞬間です。

リスクを見守る愛情

幼児教育に関わる大学の先生のなかには、遊具づくりをやってみたくなる人もいるようです。幼児教育に関する記事だけをまとめた雑誌に、大学教授が設計した遊具のことが載っていたので、私はその現場（公園）まで見にいったことがあります。

予想していたとおりでした。公園という空間に置く遊具なので、当然と言えば当然ですが、人に優しいという今風のコンセプトに合わせたのか、オール木製で安全第一、そしてデザイン重視の遊具でした。設置当初こそたくさんの子供たちが群がっていたようですが、しばらくすると落ち着きを取り戻し、そこに子供の姿は見当たりませんでした。

高い木を見たら元気な子供は登りたがるものですが、体力にまだ自信のない子や臆病な子は本能的に危険を感じて登りたがらないでしょう。大人が案じるまでもなく、子供は成長に応じてリスクの度合いを肌で感じるものです。そして、もう少し背が伸びたらチャレンジしてみようなどと考えている子もいるでしょう。子供は誰に教えられることなく、本能的に判断しているのです。

木登り

ところが、子供のころに木登りをした経験のない親、あるいは木から落ちて大ケガ（骨折など）をした親が、我が子の木登りの様子を見たらどうでしょう。ついつい「危ないから降りなさい」と言ってしまうのではないでしょうか。木登りを楽しんでいる子にとってはほんの小さなリスクにすぎなくても、親の目からみたら危険この上ないハザードになるという一例です。リスク・ハザードの見分け方には、自身の子供のころの遊び体験が大きく影響するわけです。

前章で述べたように、安田先生は14年ぶりに教育委員会を離れて校長として東和小学校に赴任したとき、遊ぶことを禁止されていた体育遊具をすべて解禁しました。前任の校長にはハザードだった遊具が、安田先生には楽しいリスクでしかなかったわけで

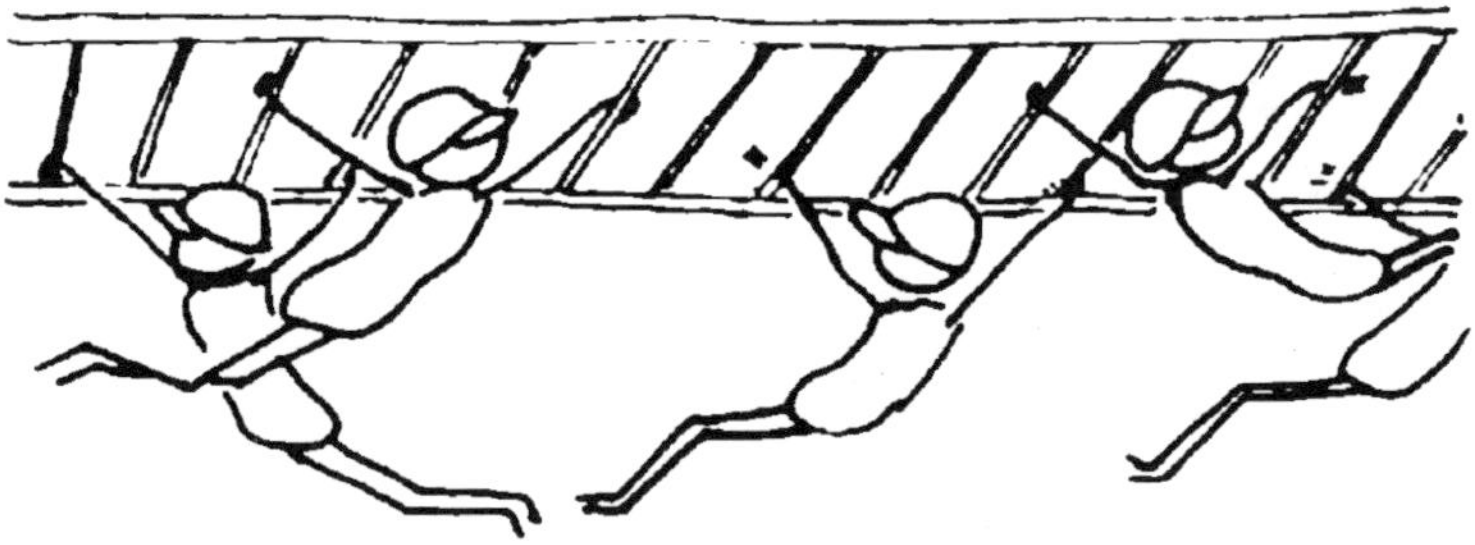

雲梯　振り渡り

す。1年目にはケガする子が増えて、「ほれ、見たことか」と周囲の批判にされながらも、2年目にはケガする子が減少しただけでなく、「孫たちの遊具を造ってください」と子供の祖父母から寄付金まで寄せられてきたのです。子供たちの目の輝きが変わり、遊具で遊びたいので早く学校に行きたいという子供が増えていったからです。

このようにリスクとハザードの境界線は、見る人の判断によって変わってきます。国土交通省の『指針』にも書かれているように「リスクとハザードの境界は、社会状況や子どもの発育発達段階によって異なり、一様でない」のですから、子供が背伸びしながらチャレンジしたくなるリスクを安易になくしてはいけないのです。

大事なことは、子供の成長を願っての、愛情で見守るリスクです。もちろん子供が気づかない、判断できにくいハザードについては大人が注意喚起しなくてはいけませんし、当然のことながら安田式遊具にもハザードはなくしています。

どうすれば子供がワクワクして遊び、目をキラキラと輝かすのか、安田先生は知り尽くしていました。リスクを排除し尽くすのではなく、どの程度であれば、子供が挑戦したくなるのかという計算の試行錯誤を繰り返しながら遊具を設計していったのです。

交通事故というハザード

安田先生が校長として赴任した小学校は3校でしたが、それらの学校では子供たちが体育遊具で楽しく遊んでいるという評判が京都市内の学校にもしだいに広がり、やがて京都市内の保育園でも安田式遊具を取り入れる所が出てきました。

そのきっかけは、安田先生が校長として最初に赴任した東和小学校で禁止されていた遊具を解禁したことです。前例主義や事なかれ主義がまかりとおる組織や団体のなかで、変革者には決断力や勇気が求められます。しかし安田先生には、現場の教師として長年培った経験知と自信がありましたから、遊具の解禁については、おそらくそれほど大きな決断や勇気ではなかったと思います。批判を浴びるのも想定範囲内のことと思っていたでしょう。

安田先生は、教育者としての強い自負を持ち、現場主義であるとともに理論家でもありました。常に「人間の教育とは何か」という視点から物事を考え、子供の成長に合わせた遊具の設計をしていったのです。

子供にとって楽しい遊具にはほどほどのリスクが必要だ。そう言っても、なかなか理解してもらえない人には、現場を見てもらうのが一番なのですが、ときにはリスクとハザードの違いを現実のデータで示すこともありました。たとえば「0～9歳児の事故死」のデータです。2001年（平成13年）の内閣府の統計によると、0～9歳児の事故死の合計は676人で、そのうち交通事故死は290人、次に多いのが窒息死190人、水死152人、転倒死43人、そして園の遊具死は0.5人。

安田先生はこうしたデータを示しながら、必要なリスクがある体育遊具の理解を求めてきました。先生があげたデータはだいぶ古い統計ですが、最近の統計数字をネットで調べたところ、事故死の総数は減っていますが、各項目の死亡率はほぼ同じでした。つまり遊具での死亡事故はゼロに近いということです。

「何かを学ぶのに、自分で体験する以上の方法はない」

「挫折を経験した事がない者は、何も新しい事に挑戦したことがないということだ」

いずれも大天才アインシュタインの言葉です。しかしこれは何ら特別な言葉ではなく、大なり小なりの失敗を経験し、それらを乗り越えて成長した人なら誰もが思うことです。

「這えば立て、立てば歩めの親心」という古い諺がありますが、可愛い可愛いとばかりに子供のリスクを心配して過保護に育てると、臆病のまま大人になって新しいことに挑戦することもできず、厳しい現実に対応できなくなってしまいます。それこそが人生における大きなハザードです。

言うまでもなく現代社会では、親のいちばんの心配事といえば交通事故でしょう。自分がどれほど気をつけて運転していても、相手に追突されたり、事故車に巻き込まれたりといったＴＶニュースがよく流れます。安全安心第一主義で暮らしていても突然の悲劇が襲ったりします。

子供可愛さのあまり、幼児期から小さなリスクをも排除してしまうことは、結果的に、転んだときに顔から倒れて大ケガをしたり、運動の反射神経ができていないために目の前の危険を避けられなかったということにもなりかねません。それこそが最も大きなハザードというべきでしょう。

昔から言うように「かわいい子には旅をさせよ」というのは時代を越えた真実です。

安田式遊具の具体的な事例

子供が挑戦したくなるリスクを計算しつくして、子供の成長段階に応じた遊具の種類

平行棒渡り

の多さも安田式遊具の特徴です。その特徴と利点については第1章で述べましたが、さらに具体的にイメージしていただくために(安田式遊具の宣伝のようで恐縮ですが)、4カ園の事例を紹介します。

◆移動式鉄棒は平行棒にもなる

平成15年の園舎改築の時、園庭が狭いので、子供の遊び場を屋上に作りました。また、園庭には固定式遊具を設置せずに移動式の遊具で対応し、少しでも遊びの空間を広げようと考えたのです。

移動式の鉄棒で遊ばせてみると、子供たちがよく遊ぶのです。そこで鉄棒をよく調べてみると、単純な鉄棒なのに子供たちが使いやすような様々な工夫がしてあります。また、移動式鉄棒は組み合わせて使うことにより平行棒にも変身します。しかも、パイプの肉厚も十分にあり頑丈に作られています。鉄棒以外の遊具も他のメーカーのものとは一味も二味も違うのです。通常、雲梯や滑り台などは一人ずつ順番に遊ぶように作られています。しかし、安田式遊具の雲梯や滑り台は幅広く設計されています。このため、同時に複数の子供たちの遊びが可能になり、運動遊びに広がりを持たせることができるのです。

（宮崎県延岡市　杉の子保育園・園長　木本宗雄）

◆2人並んだり、横向きでも進める雲梯

私たちはちょっと壁にぶつかっていました。子どもたちの体作りが思うように進まないからです。たとえば鉄棒に取り組むと、できる子はどんどん回れるようになりますが、できない子がやっとできるようになる頃には、クラスとしてはもう次の課題が待っているのです。竹馬しかり。側転しかり。しかも、鉄棒でつまずく子は、竹馬でも、側転でもつまずきがちです。

当時、私たちは、鉄棒や雲梯やのぼり棒などの総合遊具を探していました。いろいろな会社をあたっていましたが、どれもピンときませんでした。

このことについて、Y保育園さんが教えてくれました。

『エール社の雲梯は幅が広く作られているの。子ども2人が向こうからとこっちからと交差することもできれば、2人並んで進むことができるの。それにできない子にとって、いきなり前に長い距離を進んでいくことは難しいでしょ。その点、エールの雲梯は幅が広いから、横を向いて棒を並行に握って進むことができるの。これ

だったら、縦に進むよりやりやすいでしょう……』。

びっくりしました。そんなことまで考えて雲梯を作っているのか。（埼玉県比企郡　はなぞの保育園・園長　柳瀬寛洲）

◆狭い園庭も3倍に使えるジャングラミング

霊長類の樹上生活時代を再現するかのようなジャングラミングは、都会でもできる格好の木登り遊具だと思いました。導入から10年。はじめはおっかなびっくりだった職員も、〝プロの目で安全を確保しながら自由に大胆に遊ばせる〟ことの大切さを実感しているようです。1歳児は1階部分で、2歳児は2階以下で、というルールも、経験的に確立してきました。

どんぐり保育園　ジャングラミング

園庭で遊ぶといえばまずジャングラミングに群がって飛びついていく子どもたち。ほとんどが1歳児から経験しているので、自由自在に乗り移り、安心してみていられる状態になっています。なるほど、10㎡が3倍の30㎡分の遊び場になっているではありませんか。小学生になっても、遊びに来たら必ずジャングによじ登り、学校にこれがあったらいいのにと呟いている子どもたちです。

（大阪府東大阪市　どんぐり保育園・園長　いぬいみやこ）

◈遊具の下には衝撃吸収人工芝で安全。保護者も童心に

安田式遊具の素晴らしさについて、（エールの）居関さんの丁寧で迫力のある説明、楽しい会話力にさらに魅せられ、さっそく小さい雲梯、大きい雲梯、赤、黄、青、緑の４種類の高さの違う鉄棒を購入しました。さらに、子どもが安心して安田式遊具で運動遊びができるように安全を考えた衝撃吸収人工芝を遊具の下に張りました。その翌年の平成23年の４～5月には、総合遊具（ジャングラミング）、そしてそこから園舎へとつながる虹の橋をかけていただき、八角ジム、平均台、１・２歳児用ブランコも購入し、園庭は、全面人工芝に変身しました。

休園の間に園庭が緑一面の芝生に変身していたため、連休明けに登園した子ども達の、「わー！　保育園が緑色！」「わーすごーい」「あの滑り台、面白そう！　すべりたーい」等々、驚きや喜びの声や表情・反応は、今でも忘れません。また、保護者の方々も「あの遊具で私たちも遊びたい！」「子ども達のわくわくする気持ちがわかる～！」と、童心に返っておられます。

（熊本県荒尾市　桜山保育園・園長　伊藤美佳子）

「リスクのある遊具を広めています」

初めて出会った人と名刺交換したとき、「どんなご商売ですか」とちょっと首を傾げながら尋ねられます。この時とばかり、「子供が楽しい、チャレンジしたくなる少しリスクのある体育遊具を全国に広めています」と私は答えます。

「えっ？　リスクのある遊具って、何ですか……」

相手の方はそう言って言葉をつまらせる、というのが通常の反応です。現在の平和な日本社会で「リスクのある遊具」といっても想像がつかないのでしょう。

その場の状況によっては会話がそれ以上進まないこともありますが、相手の方が少しでも興味を示してくれたら、そこから私の演説（？）が始まります。たいていは5分、10分で済みますが、ときには質疑応答で半時間以上も熱心に耳を傾けてくれる人もおられ、やがて教育論議に花が咲いたりもします。

相手の関心を喚起するために、私はあえて「リスクのある遊具」と言ったりするのです。市場に出回るあらゆる製品には「製造物責任」が課せられていますから、どんな業種のメーカーでも製品の安全性については神経をとがらせてモノづくりをします。ユーザーの不注意を想定しながら「危険な目」に遭わないように設計製造します。

先に述べたように、安田式遊具は「子供がおもしろいと思うリスク」を設計上に取り入れ、ハザードは除きます。それでもリスクをハザードだと言って非難する人が、ごくたまには出てくるのです。本当にめったにないことなので、そのとき私はチャンスとばかり、先方に駆けつけるようにしています。

販売開始から5年程たったときのことですが、ある保育園の園長から「保護者に責められて困っている」と相談がありました。

「ケガをした2人の園児のご両親が、遊具を撤去してほしいと訴えてこられたんです。何度説明しても納得してくれなくて……」

私はすぐさまその園に行って2児のご両親と面談し、リスクとハザードの違い、子供はリスクやスリル（冒険）がある遊具だから楽しく遊ぶことなど、安田式遊具の特徴やその指導法を説明しました。それから私は、一緒に来ていた2人の子供に質問しました。「どうして落ちたの？　もうこの遊具では遊びたくないの？」と。すると子供たちは、後ろから誰かに押されて落ちたと答え、ケガも治って早く遊びたいのに、親と先生に禁止されて困っていると言うのです。もちろんこれを聞いたご両親は反論の余地はなく、遊具の問題ではないことも十分納得されて帰っていかれました。

現代社会には危険なものがあふれていますが、近年は、テレビゲームやスマホが子供の脳をだめにすると警鐘をならす団体（ＮＰＯ法人「子どもとメディア」）もありますし、食育に関連する啓発は相変わらず続いています。

子供の食育・環境問題については、私が独立起業して以来、ヨシカワ商事の仕事として半世紀近く取り組んでいるテーマです。「今、子供が危ない」という演題で講演を繰り返してきましたが、残念ながら状況はさほど変わっていないように思えます。食品添加物や保存料、砂糖（糖質）いっぱいのお菓子や飲料水、合成界面活性剤使用の洗剤、香料の蔓延、無菌状態などなど、問題視していることを数えあげたらキリがありません。

危険度が数字に表れにくい食育問題にしろメディア問題にしろ、危険なものに対する親の認識はそれぞれですが、いずれにしろ子供が成長する過程で自ら身を守れるようにするためにも、幼児期からの体育遊びで脳の成長を促す必要があるのです。

脳とからだをむすぶ、ホンモノのリスク体験が大事

食は、環境（自然・社会）と密接につながっています。水や土、空気も含めたよい自然環境のもと、無農薬有機栽培で育った野菜は一味も二味も違います。そういうホンモノの食材を食べ続けている子供は味覚が敏感になり、農薬や化学肥料をいっぱい使用した野菜を食べるとすぐその異味・異臭に気づきます。これはからだに危険だ（リスクがある）と、舌が脳に発信するわけです。

「からだが脳をつくる」ということを繰り返し述べてきましたが、まだ白紙状態の幼児のからだと脳には、ホンモノの体験をさせることが何よりも大切です。

たとえば味覚一つにしても、幼児のころから甘いものばかり与えていたら味覚が狂ってしまい、病気になりやすい体質を生涯抱えることになります。テレビゲームのバーチャルな世界に夢中になって、現実世界での体験が乏しい子供はコミュニケーション能力や社会性に問題がでる可能性が高いと、専門家に指摘されています。ホンモノの体験が乏しいと、からだが脳を健全に育めないのです。

長い人生には山あり谷ありです。学校の成績がどれほど優秀でも、リスクもハザードもある現実社会では通用しないで挫折する人はたくさんいます。そうならないように、人生を逞しく生きてほしいというのが親心というものです。であるならば、やはり子供の成長段階に応じて、「食育・知育・体育」を含めた三位一体のホンモノ体験をすることが大切なのではないでしょうか。

ある日、安田先生と食事をしているとき「吉川君、ディズニーランドはどう思う」と質問されたので、私はこう答えました。

「ディズニーは確かにエンターテイメントの夢の世界として素晴らしいですが、ただ乗っているだけで身体は使わない。受け身のスリルを味わうだけです。また、アメリカのまともな書店ではディズニーの絵本を置いていないそうです。子供時代の出会いはホンモノであってほしい。よしかわ書房でもそんな絵本は置きませんでした」

するとすると安田先生は、意を得たりとばかりに笑いながら、先生の知り合いのお母さんが語ったという、こんなエピソードを話してくれました。

「今年の夏は奮発してディズニーランドに子供たちを連れていった。夏休みの終わり、子供たちに今年の夏休みで一番楽しかったことは何かと尋ねると、『湘南の海岸で遊んだこと』という答えが返ってきた。大人も夢みるディズニーで大枚をはたいたお母さんは、ショックを受けた。けれどもよく考えてみたら、子供たちは自ら体を動かして遊ぶことが楽しいのだと得心した」ということです。

大波小波が押し寄せる海岸で、小さな子供は飽きもせず何時間でもたわむれています。うっかりしたら波にさらわれそうな不規則に押し寄せる大波小波が楽しいのです。大人もはしゃぐディズニーランドの「夢や楽しさ」を否定するわけではありませんが、いくら怖い目にあってもリスクはありません。

安田先生は「樹上遊び・原野遊び」の重要性をいつも力説されていました。子供が遊べる自然環境が身の回りにないだけに、それに代わる遊び体験が必要なのです。そこで安田先生が遊具開発で常に考慮していたことは、海岸の波のように変化があり、子供がおもしろい・楽しいと感じられるリスクでした。

豊かな感情を伴った知育

世の冒険家たちは、前人未到と言われる事に命をかけてチャレンジします。登頂に成功しても下山で命を落とすことがよくあるそうですが、生きて帰ってこそ冒険家の名は歴史に刻まれます。

人はなぜ、ハザードの連続といってよい危険な登山をするのか。「そこに山があるから」と言われてもすぐには納得できないでしょう。しかし人類の歴史は、さまざまな分野で勇気あるチャレンジャーによって進歩・発展してきたことは間違いありません。

エールの「試遊館」のなかには、「神々の宿るヒマラヤ・エベレスト山」の絵が飾られています。次ページの写真でご覧のとおり、平面の画布ではなくＦＲＰで曲面をつくって描いているので、世界初の「曲面絵画」と作者が名づけています。横約７メートル・縦2.5メートル余り、重さは60キログラムほどもあるのでワイヤーロープで吊っています。

絵の作者は、序章で紹介したアメリカ人画家のブライアンです。彼は日本に初めて来たときに琵琶湖周辺の里山景色に魅せられて、以来40年近く、伊香立（琵琶湖の北西）の古民家を拠点に作家活動をしています。

曲面絵画「神々の宿るヒマラヤ」ブライアン・ウイリアムズ作

芸術家らしい繊細な感性を持ちながら、日本人が忘れてしまった日本的美意識を持ち、日本語を流暢《りゅうちょう》に話すだけでなく文章を書くことも堪能です。幼児期は南米ペルーの高地で育ったせいか冒険精神と野性味があり、ユーモアのセンスもあり、また何よりも人柄のよさに惹かれて、かれこれ20年近くのお付き合いです。親しみと敬愛をこめて、もうすぐ70歳になる彼を「ブラちゃん」と私は呼んでいます。

私は彼の絵を何枚も買い、友人知人にも紹介していますが、このエベレストの絵は一度人の手に渡ったのち、事情があって試遊館に来ました。２０１１年、京都清水寺の大舞台で、日本初の絵画展が開かれたときの代表作の1点です。

清水寺での個展の話が持ち込まれたとき、彼はさすがに悩みましたが、「清水の舞台から飛び降りるのではなく、飛び上がるつもりで」と、冗談を言って準備にかかりました。そしてたった3時間ほどの一夜限りの個展のため、大小数十点の作品を1年がかりで画いたのです。エベレストの絵は清水寺の個展でも最大のものので、スペース的にどこにでも飾れる絵ではありませんから、試遊館に飾られる運命だったのかもしれません。

大型バスにのって各地の園児たちが試遊館にきて、高い天井近くの壁にかかったこの絵を仰ぎ見ることになります。形といい大きさといい、物珍しいので見とれている子もいますが、やがて子供たちは勢揃いした安田式遊具に次々と移り、夢中になって遊びまわります。

「世界一のエベレストのようにからだも心も元気に大きく成長して、世界に羽ばたいてほしい」

私はそんな願いを込めてブライアンの絵を飾っていることを、引率の先生方に話したりします。おそらく大半の子供は絵のことなど忘れてしまうでしょうが、ホンモノ体験というのは脳の記憶のどこかに、ぼんやりとながらにも印象に残るものです。

「大っきな山の、ものすごく大っきな絵を見た。どこだったかな？」

何かをきっかけに、ふと思い出してくれるかもしれません。

幼児期は、からだ全体を動かすことで脳の神経回路が形成されていき、リアルなホンモノ体験は、嬉しい・おもしろい・楽しい、感動といった人間らしい感情とともに記憶されます。

「感情を伴わない体験は思い出すことが難しい」と現代脳科学でも証明されています。基本的な躾や礼儀、そして情緒も豊かな知育・体育こそがホンモノの教育です。

近い将来、ＡＩロボットが人間の知能に代わる場面もたくさん出てくるでしょう。しかし人工知能がどれほど発達しても、それらをコントロールするのは、最終的には知能と心と感情をともなった人間です。

安田先生は、体力作りのために遊具を開発したのではありません。子供の成長に応じて脳とからだのむすびつきをつくりながら、人間的な豊かな感情を育んでいく教育的観点から、安田式遊具を考案設計されたのです。

第6章　愛と情熱から生まれた「安田メソッド」

子ども達は　求めている
思い切り力を出して動きまわれることを
子ども達は知っている
あるだけの力で動く遊びが　楽しいことを
子ども達は
先生が力いっぱい遊べるようにしてくれる
手だてを待っている

安田　祐治

競技を目的としない世界体操祭

世界体操祭（ワールドジムナストラーダ）というお祭りをご存知でしょうか。オリンピックと同様4年に一度、ヨーロッパの国を中心に開催されています。その最大の特徴は、競技を目的としない体操の祭典ということです。

・健康や楽しみのため、あるいは動きの工夫や組合せの可能性などを追求する
・身体を動かす喜びと感動を呼び起こし、自ら活動する関心を呼び覚ますこと
・関心を持つ指導者の再教育に寄与すること
・民族間の相互理解と友好関係に貢献すること

などという目的・理念が掲げられています。参加資格には一定の基準を設けていますが、大人・子供、年齢、性別などの壁を超えて世界中から集います。民族衣装を着けて踊るような体操、マスゲームや新体操など、少なくても10人、多くて40～50人という団体も登場します。

第1回目は1953年、オランダ（ロッテルダム）で開催されました。2007年、

第13回世界体操祭へ（オーストリア）

オーストリアで開催された第13回目の祭典（7月8～14日）に、安田先生と私と坂下玲子先生（熊本大学教育学部教授）の３人で行ってきました。

坂下先生は筑波大学の学生のとき、チューリッヒで開催された第７回世界体操祭（１９８２年）の旅で安田先生と初めて出会い、熊本大学に就職してからも先生のお宅に伺ったりして交流が続いていました。そのつながりから私は坂下先生と出会ったわけです。

３人で参加した世界体操祭について、『輝け！ 命』に寄稿いただいた坂下先生の文章の一部を紹介します。

安田先生は小学校の校長を退職され、自由な時間ができたからとお仲間の先生とご一緒に参加されておられました。私は当時筑波大学の学生で、初めての海外の大会への出場で、現地での演技練習や世界の体操に圧倒され目を開かされた旅となりましたが、着流しでヨーロッパの街を悠々と歩いておられた安田先生のお姿は印象に残っております。安田先生はこの度（２００７年）88歳、米寿の記念とのことでしたが、実は安田先生は、既に何度もワールドジムナストラーダの視察に出かけておられます。最初に参加された1969年の第5回ワールドジムナストラーダ（バーゼル）は、先生の書かれた文章によると、教師として徒手体操の指導に悩まれヨーロッパの新しい体操を学んでおられた頃とのことですが、月給が8万円、為替1ドル360円の時代に参加費50余万円の視察旅行に躊躇することなく申し込まれたそうです。その時の演技の8ミリフィルムの映像は、日本には安田先生が撮影されたものしかないという大変貴重なものです。

3人での視察の旅は、ゆったりとしてとても楽しいものでした。そして、旅の途中途中でいろいろなお話を聞かせていただきましたが、安田先生の体操の演技に対する的確なご感想に随分と学ばせていただきました。

先述したように、安田先生は戦死した私の父と同年代です。この年5月に米寿を迎えた先生の気力は十分にありましたが、さすがに数年前から杖を手放せなくなっていました。杖をつきながらも全国各地の保育園・幼稚園に、私たちとともに指導に回られていたのですが、そんなある日、安田先生がポツリともらされました。

「世界体操祭に行きたいと思っているけど、一人ではなかなか行けんからな」

「先生、ぜひ行きましょう。私も一度見たいですから、段取りはお任せください」と私は即答しました。米寿の記念に、親孝行のつもりでお連れしたのです。

参加してみて改めて日ごろから先生が言われている「体育とスポーツの違い」を考えさせられました。オリンピックはアスリートの大会、世界体操祭（ワールドジムナストラーダ）は万人のための体操祭なので、参加者はみな楽しんで技を披露されています。安田先生は「楽しく熱中する」様子を見て、安田メソッドの大きなヒントにもされたのだろうと、私は納得しました。

体育とスポーツの違い

「体育とスポーツの違い」について先生はこう述べています。少し長くなりますが、「体育遊び指導法」（安田祐治　公益財団法人外あそび体育遊具協会）から要約します。

体育遊びを指導する前提として、運動、スポーツ、体育の違いを知っておかなければなりません。からだを動かすことは、すべて身体運動です。労働も身体運動ですし、強制的な懲役もそうです。運動という言葉の持っている意味は幅が広いわけです。おもしろくなかったら、スポーツとは言いません。楽しいということがスポーツの条件ですから、運動よりも意味している範囲が狭くなります。

では、体育はどうなるのでしょうか。体育もやはり運動です。体育は「育」という字がある以上、教育という意味をもっています。ですから幼稚園・保育園・小学校でやる場合には、運動のことを体育と言っています。少なくとも子供を育成するというねらいが指導者にあるわけで、それは体育であると言えるのです。

たとえば、学校以外のところでテニスをやったとしましょう。それは運動でありスポーツですが、体育とは言いません。しかし自分の健康のためにテニスをやっているると言っていたら、これは体育になります。からだを動かしていても、健康や人格の形成に役立つということを目的にしていたら、教育であり学習することになるので、体育と言ったほうがふさわしいのです。

運動とスポーツと体育の違いがわかると、体育遊びに対する理解も生まれます。体育遊びがめざしているのは、健康に役立ったり、脳の発達や人格形成に役立つことです。つまり、仲間と楽しく活動することで社会性を育て、健康な身体をつくると同時に、脳を耕すことです。単に遊び方を覚えるのではなく、身体を動かし、声をかけあい、夢中で遊ぶことで子供は教育されるわけです。知識も技能も身につきます。

また、子供はおたがいに協力して活動すること、あるいは一生懸命に熱中することによって、いろいろなことに興味をもつようになります。さらに、その興味にむかって自ら工夫しながら遊べる子供に育ちます。そして、こうしたことの繰り返しを通して、性格がかたちづくられてきます。

サイエンスライターのM・ウエンナーは、「遊びの創造的側面は、発達中の脳にとって極めて重要な活動である」と述べています。つまり、体育遊びは単なる競技的な遊びではなく、人間形成を行う上で、教育的な意味が大きい活動なのです。

安田先生は、「まともな脳」「まともな人間」という言葉をよく使いますが、健全な脳を耕すだけでなく、社会性や人間性を形成することが体育遊びの大きな目的なのです。

マリア・モンテッソーリも推薦？

安田メソッドが全国の先生方からご支持をいただいてきた最大の理由は、まさに「人間形成という教育的な意味合い」のある遊具や指導法として認められたからだと、私は確信しています。ゆえに、モンテッソーリ教育などの名だたる教育メソッドに並ぶものであると、私は思っていたのですが、安田先生は当初「安田式」と冠することをはばかっておられました。

小学校教員から京都市教育委員会指導主事を務めたあと、小学校校長を3校歴任し、退職後は京都教育大学の非常勤講師にもなっておられます。教育畑をずっと歩んでこられた先生ですが、何でもかんでも「教育、教育」と言うのを好まなかったのではないか

安田先生、退官時撮影

と私は推測しています。

「教え育てる」のではなく、子供たちが自ら「おもしろい、楽しい」と感じて熱中するにはどうしたらよいか、それを最優先に考えられたのです。先生は小学校の教師になったときから自身が得意な体育指導に熱心でしたから、「遊び」を核とした「体育」「知育」「育成」「人間形成」といった言葉を多用されたわけです。そして先生は、それらを総括して「教育的意味合い」と言ったのです。

ちなみに私が子供のころまでは、教育者というと「聖職」という世間一般のイメージがあったものですが、近年その言葉がほとんど使われないのは、偏った平等教育が続いたせいではないでしょうか。戦後はとくに教育界への不信感などもあって、とにかく教育者という言葉自体が、それを聞く人によってさまざまな意味合いをもつようになったと思います。

それはともかく、仁術を施す医師を「医聖」と言ったりするように、聖職というのは何も教育界や宗教界の独占ではないと私は考えています。どんな業種であれ、その仕事を愛し、使命感をもって社会に貢献したいという思いで実践しているのなら、尊いことです。その尊さに聖《きよ》い職の意味合いがあるわけです。

私が独立を考えたとき、「矛盾のない仕事」をしたいというのが大きな動機でした。どんな仕事があるのかいろいろ考えた末に決めたのが、「幼児教育」でした。聖職とまでは思わなかったにしても、それに近いと考えたのです。子供に直接教えるのではなく、間接的にでも幼児教育に携わる人たちに役立つ仕事をしていこうと、27歳のときに独立し、私にとって運命的にたどり着いたのが安田先生だったのです。

私が安田先生と出会ったころ、先生はすでに退職されていたにもかかわらず、京都市の教育委員会は安田先生の設計された遊具の素晴しさを認めて、市内の全小学校200余校に導入していました。普通なら現役を退いて悠々自適の生活をするところですが、安田先生の情熱と使命感は衰えることなく、「幼児体育遊び研究会」を主宰して勉強会を開いておられました。京都市内だけでなく遠方からの参加者もかなりあったようです。

ところで、モンテッソーリ教育といえば、日本の第一人者と言われ著書も多数出されている相良敦子先生（当時、滋賀大学教育学部教授、滋賀大学附属幼稚園・園長兼務）が、安田式遊具で遊ぶ子供たちの姿を見て、こんな嬉しい言葉を述べておられます。

「マリア・モンテッソーリが生まれた今から100年前は自然が豊かだったから、あまり外での運動遊びに関心がいかなかった。今彼女が生きていたら、きっと安田式遊具を推薦したにちがいないでしょう」と。

相良先生だけでなく、園の先生方たちからも同様の言葉はよくいただきます。たとえば、東京の「あきる野こどもの家」の前園長には、『輝け！命』に次のような原稿を寄せていただきました。

（エールの指導員の）体育指導を受けながら私たちが目指している子どもの自主性・達成感・自己肯定観を育てるモンテッソーリ教育と同じであると嬉しくなりました。マリア・モンテッソーリも１００年前に目の前にいる子どもをよく観察しながら、今この子はこれを学びたがっている、そのために必要な教具は何だろう、子どもにその教材を与えながら子どもの発達の邪魔なものは教具に含まれていないかなど子どもの活動を観察して教具を作り出してきたそうです。私たちは保育の中で何度も何度も子どもから学びなさいと教えられました。子どもが私たちに答えを教えてくれている、子どもに先生が教えてあげるのではなく、子どもから教わりなさいと何度も言われ続け観察の大切さを教わりました。

（東京都立川市　あきる野こどもの家・前園長　森田和子）

モンテッソーリ教育の研究者や現場の先生方からの言葉だけに、私たちは太鼓判を押された気持ちにもなり、安田式遊具の普及にいっそう張り切るのです。

学ぼうとする自主性を育てる

安田先生の愛と情熱によって体系的にまとめられた「体育遊び指導法」は、安田式遊具のことばかり書いているわけではありません。A4判・144ページの中身の大半は、体育遊び全般について書いてあり、遊具については全体の2割程度にすぎません。この点からしても安田先生が、「体育遊び」をいかに総合的に考えていたかがわかります。先生が「世界体操祭」を見学したのもそうした観点の参考にしたかったからでしょう。

モンテッソーリ教育が世界に広がったように、競技を目的としない世界体操祭を見学したことで、私は「安田メソッド」にいっそうの自信を深めました。

世界柔道でも使用されるシドウ（指導）という言葉には何となく上から目線で「教えてやる」という強いニュアンスが感じられます。それが極端になると自主性を無視した「押しつけ」になると、安田先生は経験的に学んだのでしょう。だから先生は、「教えるというより、自発的・積極的な意欲を引き出すように働きかける」ことが指導者の役割だと言うのです。

後にご紹介する宮崎県延岡市の「杉の子認定こども園」（前・杉の子保育園）の園長・木本一成先生は、「保育士の役割とは、全体の遊びをコントロールしながらも黒子に徹

雲梯　横渡り

して、子供を見守るサポート役に徹すること」だと表現しています。まさに安田メソッドを体現した言葉だと思います。しかし木本園長先生も、副園長として就任した当初はいろいろと悩み、「保育士の役割」を確信できるようになるまでには何年もかかったと、私に率直に打ち明けてくれました。

実際のところ「子供を見守るサポート役に徹する」と一口に言っても、そう簡単なことではないでしょう。しかしいずれにしろ、指導者の役割というのは、「どうしたら教えずに、子供の学ぶ意欲を引き出すか」ということだと思います。その意味で、安田先生の「体育遊び指導法」は指導のマニュアルではなく、指導者に参考書として使ってもらえればよいのです。

教えることは相手に学ぶことでもある、自分も共に成長することだ、とよく言われます。その意味で教育は、共育・協育という造語がぴったりかもしれません。国民作家の吉川英治は、「我以外すべて吾が師なり」と言って、知らないことは年下の者にも謙虚に教えを請うたそうですが、人間関係のあるべき姿でしょう。

前章で述べた４つある「遊びの要件」の一番目を思い出してください。それは「自発・自主・自律・自由」でした。その前提を考えるなら、「教え過ぎ」が間違った指導法であることがわかる

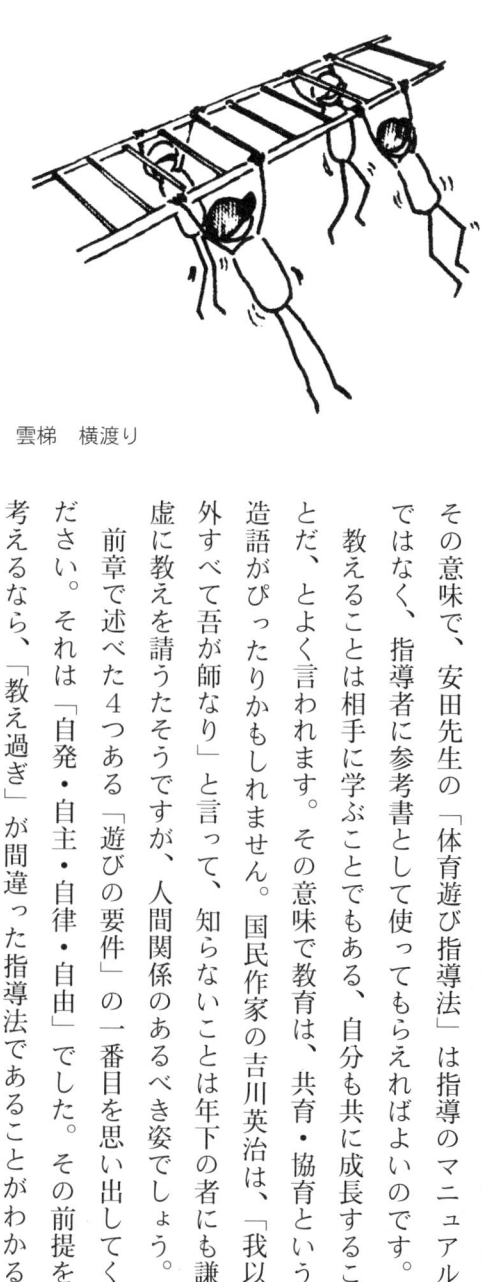

はずです。ところが、指導者はそれが頭ではわかっていても、ついつい教え過ぎてしまうようです。技能を高めることを目的としたスポーツの訓練のように教えてしまうわけです。

そこで安田先生は「体育遊びと技能訓練の違い」を明確にしています。遊びと訓練は、たとえ最終的なねらいや効果は共通していても、そのプロセスも指導法も違うというのです。

「遊びは楽しいから活動するものであり、自発性や自立性が必要です。体育遊びは技能訓練ではありません。技能訓練は目的が先にありますが、遊びのほうは結果が後から出てくるものです」

では、子供の好き勝手に「自由遊び」をさせておけばいいのかというとそうではないとも言われています。なぜなら、それは一見、子供の主体性を重んじているようでも、幅広い経験ができないからです。

「押しつけではなく、管理的ではなく、形にとらわれた技能訓練ではなく、子供の自発性を生かした楽しい遊びを十分に経験させることが必要です」と。したがって、指導者の技量が問われているのは、その自主性をいかに引き出すかという工夫なのです。

子供の今に徹底して寄り添うべし

「がんばってやっとできるようになる体育指導は、子供の瞳から輝きを奪うと気づき、長い間悩んでいました」

これはある園の若い先生が、『輝け！命』に寄せた原稿にある一節です。安田式遊具と指導法に出会う前に、現場の先生方がいかに体育遊びの指導法で試行錯誤したり悩まれていたかが端的に伝わってきます。

この先生はおそらく「遊び」と「訓練」の違いに悩んでいたのだと思いますが、この問題は実際に現場に立った者でなければわからないでしょう。こうした悩みや迷いを、安田メソッドは実践の場で解消していったのです。

安田先生は、水戸黄門よろしく杖をついてエールの社員と一緒に各地へ指導に行っていましたので、仙人のようで「偉大な不思議な先生」という、こんな素敵な原稿も寄せられています。

仕事は一途に。
本気で子供を育てる。

雲梯　雲渡りすれちがい

子供の今に徹底して寄り添うべし。
学べ、学べ、真摯にそして必死に。
学んだら、実行せよ。
つまらないことはするな。
楽しく生きよ。

ことばで教えていただいたわけではありません。先生がご自身の人生を歩いて行かれるその歩みを通して、器から水が漏れだすように私の中に入ってきたのです。見えることばのようでした。怖いのに好かれる不思議な先生。怖いのにとことん優しい不思議な先生。

（京都市右京区　ゆりかご保育園・主任保育士　川島由里子）

「見えることば」という表現は、安田先生がわかりやすい言葉で指導する姿を象徴するようです。「子供の今に徹底して寄り添うべし」というのは、安田メソッドに照らして、私なりに解釈するとこういうことでしょう。

子供は同じ年頃でも体の発達は個人差がありますし、積極的な子もいれば引っ込み思案の子もいますので、右へ倣え式の一律な指導をすると落ちこぼれも出てきます。「子供の今」というのは、「その子にとっての今」なのです。ただし体育遊びは子供の社会性を育むことも重要なねらいがあるから、一人ひとりの今(個人差、発達段階)に寄り添いながら指導しなさい、ということです。もちろん園の先生たちはそういうことはわかっていても迷ったり焦ったりするのでしょう。

『輝け！命』には「安田式遊具とその指導法」について、現場の声がたくさん寄せられていますので、次章で改めて紹介することにします。

子供たちの工夫を引き出す

安田先生がどこかの園に行って指導の実際を見せると、先生たちがまず驚くことは、短い言葉を発するだけで子供たちが生き生きと動きだすことです。安田先生にしたらひ孫のような子供たちが魔法にでもかかったように遊びます。子供たちの目には、先生が絵本から飛び出てきた仙人に見えるのかもしれません。

エールでは、体育遊び指導員が園の要請に応じて、子供たちや先生方に指導・研修を行っています。その体育遊び指導員たちにしても最初のころは、「子供は早く遊びたくてうずうずしている。できるだけ手短に話しなさい」と、安田先生からよく注意を受け

たと語っています。
安田先生のように、短い言葉を発するだけで子供たちが動きだすようになるには、指導者（園の先生方）も相当学ぶ必要があるわけですが、その指導法の基本を具体的にまとめたのが「体育遊び指導法」なのです。
本書で紹介できるのはそのごく一部となりますが、たとえば、「対象幼児の心身の発達に即して、体育遊びをする場合、段階的にすすめていく必要がある」として、その発展と指導法を明らかにしています。
そのポイントは、「子供たちに遊び方と楽しさをわからせ、自らの工夫で遊びを発展させていく」ことです。そして子供たちに心身の発達に即して、遊びの発展段階を3つにわけて指導していきます。次の3段階です。

①たやすく遊びこむ
・簡単なルール　・やさしい方法と技能　・日常経験に近い遊び
②熱中して遊び続ける
・ある程度慣れ、習熟した段階　・自分たちで段取りして遊ぶ

・自分たちで工夫していく
③遊びを発展させる
・方法の複雑化　・技を高めようとする　・人数、遊具などの複雑化
たとえば①の段階のときに、ルール説明を長々としたら子供はそっぽを向いてしまいます。

使う用具や遊具の種類、技能や危険の度合い、子供たちの人数の多少によって指導法のポイントを示しています。そのうえで、指導者は楽しい体育遊びを計画的に行うようにと、その計画表や立案の作り方までを微に入り細にわたり明記しています。

「体育遊び指導法」を一度でも読まれた園長先生方は、「安田先生の経験知識の奥深さとともに、教育者としての愛情と情熱の深さにも感銘を受けました」と、口をそろえたように言われます。

「指導技能の基本」として、安田先生はこのように書いています。

指導者や先生への信頼や期待感があれば、子供たちは瞬時に動きます。瞬時に動くということは、子供たちに意気込みがあるということです。瞬時に子供を動かすには、技がいります。

瞬時にこころをつかむ、とか、瞬時に人を集めるということは、プロの技になり

ます。その指導法のポイントは、基本的な原則を知っておくことです。つまり具体策ばかりでなく、やはり原則がいるのです。

どんな職業であれプロの熟練技というものがあります。安田先生も最初から子供を瞬時に動かす魔法ができたわけではないのです。

本気で子供を育てる「職人技」を磨く

どんな業種・仕事においても、その道のプロフェッショナルの「技」に感心させられることが多々あります。これぞプロと言われるまでの技を身につけるまでには長い修行期間が必要です。修行期間が長いか短いかは仕事の内容にもよりますが、好きこそ物の上手なれという言葉が示すように、仕事に惚れ込んでいるかどうかで上達の早さが違ってくるのは当然でしょう。

保育園や幼稚園の先生になる人は、「子供が好きだから」というのが動機の大半です。ほかにも動機があるかもしれませんが、子供が嫌いだったらなれるはずもありません。しかし子供が大好きというだけでその道のプロ（技能者）になれるわけでもなく、やはり相当な勉強と実践経験が必要です。

安田先生は、体育遊びの「指導技能」について、こう述べています。

指導技能は、指導者である先生の持つべき技術能力です。技術は個人的なものではなく、基本的な原理のようなものであり、技能はその人が持っている技術の能力のことです。しかし、その使い分けができていないのがほとんどです。

そのために、子供に教えるときに、理屈っぽいことを話したり、技の説明で終わってしまうというわけです。わかりやすく言い換えれば、義務的に「教えている」だけで、子供が「学ぼうとする」ように仕向けていないということです。何度も繰り返しますが、子供は「楽しい、面白い」と感じたときに集中するのです。集中とは、興味をもって自ら学ぶ姿勢です。

子供たちをそのように仕向けるためには、幼児教育のプロとしての「職人技」が必要だと安田先生は言っています。指導技能というと抽象的ですが、職人技というとより具体的なイメージがわいてきます。

たとえば同じ技術を持った2人の先生がいたとします。

A先生は、体育遊びの前に子供たちを座らせて、子供が理解しやすいような言葉で懇切丁寧に話をしました。その時間は約5分ですが、何人もの子供はキョロキョロと落ち着きません。

B先生は、子供を立たせたまま、「こうしたら楽しいぞ」と短い言葉で話して、子供たちの自主性を促すように導きました。子供の目はキラキラ輝き、先生が注意する約3分の話も集中して聞いていました。

技能という点でどちらが職人技を持っているかといえば、明らかにB先生です。指導の留意点として、安田先生は十いくつもある細かな技術（職人技）を挙げていま
す。たとえば「個人をほめる、具体的にほめる」というときの留意点として、
・早くできた子、うまくできた子数人を素早く認める
・遅い子、できていない子を素早く励まし認める。
・毎回ごとに必ず行う。これが、指導職人の技である。
ところが、これらの大事なことをわかっていながら実行しない指導者がいると、安田先生は嘆いています。

「保育や授業を観察していてこの事があまりにも行われていないことに失望する。活動中の子供を観察する指導者の能力の乏しい結果である」と。

また、こんな基本的な留意点も挙げています。
・いやがる子、忌避する子を誘い、来させる工夫。
・泣いた子の処置、顔色、泣き方を瞬時に判断して騙されない。

ここまでくると、ベテランの保育士さんでないと難しいのではないだろうかと一般的に思われがちですが、「子供の今に徹底して寄りそっていればわかるようになる。幼児教育の道にすすんだ以上、プロの職人技を磨くのが当然だ」と、安田先生は語っておられました。


仕事は一途に。

本気で子供を育てる。

子供の今に徹底して寄り添うべし。

子供の成長を共に喜ぶプロの指導者を育成するために、安田先生は晩年の気力と情熱をこめて「体育遊び指導法」をまとめられたのです。

安田メソッドのお手本の一つ

「わぁ！　すごい。吉川さん、僕ももういちど子供にもどって遊びたくなった」

私の心友である画家のブライアンは、宮崎県延岡市の杉の子保育園（現・杉の子認定こども園）の子供たちが遊ぶ様子を見たとたん、嬉しそうに言いました。それもそのはずで、当園は安田メソッドのお手本を実現しているからです。

杉の子保育園（現・杉の子認定こども園）にて

ブライアンは、私と安田先生と3人で杉の子保育園を訪れたとき、近くの山（行《むか》縢《ばき》山《やま》）の絵を子供たちの前で描いて披露していました。原野体験の一環として年に2回、子供と保護者がこの山に登ると聞いて、訪問記念に画き残したのです。

「安田先生のような体育教育はできないが、絵画のマジックと魅力を子供と分かち合いたい」という思いから始めたことです。10号ほどのその絵は、当園の事務室の壁に飾られ、2階の階段の壁には、30号ほどの曲面絵画（ブライアンが考案した曲面の絵）が掛けられています。

杉の子保育園が安田式遊具を取り入れたのは２００４年からです。安田式遊具を上手くフルに活用する園として、今では幼児教育関係者をはじめ体育大学の教授まで視察に訪れるほど知られる存在になっています。当園には安田先生を2回お連れしていますが、私はその後も何度となく訪ねていつも歓待いただき感謝しています

杉の子保育園では、安田メソッドのみならず園での運動遊びの実践記録をわかりやすくまとめ、保育実践書『運動遊びで育つ子供の力』を2冊発行しています（２００８年と13年）。A５判の70ページほどの冊子ですがDVD付きで、子供たちが生き生きと遊

ぶ様子が映像にも記録されています。

「私は保育士に対しても、指導者であっても子供に教えない、指示しない、できるだけ手をかけないという姿勢を厳しく求めます」

という木本一成園長の文章がとてもわかりやすく実践的で、現場の保育士さんたちのがんばっている様子、あるいは園長自身の熱い思い、正直で率直な姿勢にも好感がもてます。安田先生の若いころは相当な熱血教師だったと思いますが、学生時代はラグビー選手だったという木本園長にしても、いかにも九州男児の熱血漢という感じです。

文章がきびきびとポジティブで明確です。全文を紹介できないので小見出しの言葉をいくつか拾ってみます。
・「遊び」にはかりしれない「学び」がある。
・「遊び」を成立させる三つの「間」を取り戻す（遊び仲間、遊び空間、遊び時間）
・子供の世界から「遊び」を奪っていた
・遊びなのだから、出来ればいい
・身体の土台を作る
・子供から、多様な可能性を奪わない
・泣いても保育士は共感しない
などなど、木本園長の使う言葉の表現は、安田先生のそれとは多少違っていても、安田メソッドのエッセンスがふんだんに具体化されていることに変わりはありません。そこで私がこの本を出すにあたり、木本さんに冊子からの引用をお願いしたところ、「うれしいです！　光栄です！」と快諾をいただきました。

ということで次に、杉の子認定こども園（正式名称は、杉の子幼保連携型認定こども園）の実践書を引用しながら保育の現場をみていくことにします。

「遊びが訓練になっていた」

まず木本一成園長の異色なプロフィールを簡単に紹介します。

１９６７年生まれ、関東学院大学経済学部経営学科を卒業し、民間企業に数年勤めた後、28歳のときに両親が経営していた杉の子保育園の副園長となります。保育に関してはまったくの素人で関心もない世界だったそうですが、しばらくして「園の風景に違和感を覚えるようになった」と話しています。

「保育園の生活は保育士や保護者を中心に回り、主役であるはずの子供たちは脇役に回されている。これはどこかおかしいと思い、始めたのは『運動遊び』でした」

大学時代まで続けたラグビー体験、ニュージーランドでのラグビーのコーチング資格取得経験などを生かしながら、「運動遊び」を取り入れたものの、自分の気持ちばかりが先行して子供が楽しいと感じていなかった。そんな状況が2年ほど続き、やがて気づいたのが「運動遊び」といいながら指図ばかりの「スポーツ訓練」になってしまい、「遊び」の要素がすっぽり抜けていた、という反省でした。

「逞しい子供を育てることを目標」とするのは、その当時も今も変わりませんが、自身が激しい運動スポーツの選手だっただけに「遊びが訓練」になってしまったのでしょう。猛反省し、試行錯誤を重ねていたある日、木本園長は運動遊びを取り入れている保育園を見学して、大きな衝撃を受けました。

「子供たちの動き、表情などすべてが自分の保育園の園児とはまるで違っていたのです。躍動感に溢れるというか、ともかく輝いていました」

そこでさっそく、杉の子保育園の園児たちにも同じことをさせてみたところ、「後ろ歩きをさせれば、すぐ転ぶ。ケンケンができない。走り方もよたよたしている。その差に愕然とした」ということです。それ以来、木本園長は、保育とは、保育士の役割とは、運動遊びとは何なのかといったことを改めて考え直すようになり、また保育士を育てる責任者として、社会福祉士・福祉施設士・ジュニアスポーツ指導員などの資格も取り、安田式遊具を導入したのが２００４年でした。九州地区で安田式遊具を導入していた園を視察したことがきっかけだったということです。

では、「よい保育士は、教えない」と明言する木本園長が、具体的にどういうふうに保育の現場を運営していったのか、いくつかの実例で見てみましょう。

樹上遊びと雲梯

何度も言うように、「樹上遊び」と「原野遊び」を、安田先生はことのほか重視していました。なぜならこの2つはまさに動物としての人類の遊びの原点であり、すなわち子供の遊びの原点だからです。しかし80年代以降、自然環境の減少やゲームの流行などにより、子供たちはこの原点からますます遠ざかってしまいました。そこで安田先生は「樹上遊び」を、仲間と共に楽しめる遊具の設計において工夫を凝らしたわけです。その代表的な遊具として雲梯があります。

では木本園長が、この雲梯で遊ぶ子供たちをどのようにサポートしているのか、その現場の様子を見てみましょう。

1～2歳児の雲梯遊びで、夏前までによく見られるのが、上に登ったまま固まってしまい「こわ～い」と泣き出す光景です。しかし、ここで保育士は抱えて降ろすような手助けは決してしてしません。10分でも20分でも自分で降りてくるまで見守ります。なぜなら、子供は泣きながらでも、どうすれば降りられるのかを1～2歳児なりに考えているからです。どこを摑もうか、足をどこに置こうかなど、このとき子供の頭の中はフル回転しているに違いなく、そして、こういうときにこそ、頭の神経回路もつながってくるのだと思うのです。

また、保育士が安易に手助けすると、子供は泣けばどうにかなると思い込み、自分で考え対処しようとしなくなります。人の手で降ろしてもらうと恐怖心が残るだけで、「出来た」という達成感を実感していないものだから、雲梯は怖いものだという前提が出来てしまい、遊ぼうとしなくなるのです。

ここまで読まれて、どう思われましたか。これが自分の子供であれば、慌てて手を貸してしまう親が多いのではないでしょうか。続きはこうなります。

でも、ここで保育士がじっと我慢して待ってみてください。「足はここに」などと具体的な指導をしないでください。子供は、私たちが思いもつかない方法で降りてきます。ただし、降りてきたそのときは、最大級のほめ言葉とともに、強く抱きしめてあげてください。するとおもしろいですよ。すぐさま雲梯に向かって走り出し、それまで以上の動きで遊び始めます。恐怖心を克服し、雲梯遊びが大好きになった瞬間です。

保育士は、子供が伸びようとするチャンスや達成感を奪わずにすんだのです。この雲梯遊びの事例一つにも、「教えないで見守る」ことの大切さがわかりますし、同時にまた、子供に教えることを学んできた新人保育士の戸惑いや我慢の辛さも理解できます。だから木本園長は、子供を安易に手助けしない我慢を強いられる保育士に、常にこう言って励ますそうです。

「子供に我慢がないのだとしたら、それは大人の我慢のなさでもある」と。

杉の子保育園でこの話を聞いたお父さんが、雲梯に登って降りられない我が子を辛抱強く待ち続け、数十分後に自力で降りてきたとき、感動のあまり涙したということです。この親の気持ちもよくわかります。

誤解を招かないよう付け加えると、雲梯にも年齢に応じた高さや大きさの種類がありますし、保育士は危ないときにさっと腕を伸ばせる位置に立って、子供の安全を確保しています。これが「見守る」ということです。

「集団」を意識させる原野遊び

杉の子認定こども園の「運動遊び」は、バランスを重視するという意図で、次の４つの柱で構成されています。

①遊具遊び……1〜5歳児。朝と夕方の時間帯にスクランブルになって、「やりたい遊具で自分のペースで」が基本。保育士はそばで見守るだけで指示はしない。

②原野遊び……大地の子（4歳児）と太陽の子（5歳児）に限定。火曜と木曜の午前中2時間を、園内のプレイグラウンドか河川敷広場で遊ぶ。鬼ごっこ、ボール遊び、リレーなどゲーム性のある遊びが中心。鬼ごっこは、ボールを取り入れたりチーム制で競い合うなど、やり方やルールを変えることで「学びの宝庫」と位置付けている。

③散歩……原野遊びの前に、ウォーミングアップとして、近くの山や河原まで45分ほどのコースの散歩。その途中に保育士は、人に会ったら挨拶する、階段の数を数える、標識の文字を読むなど、日頃の保育にむすびつけて、子供に気づきを与えていく。

④杉の子ｅｎｊｏｙ体操……1〜5歳児を対象として、有名な「さくらさくらんぼ」のリズム体操や「ブラジル体操」に刺激をうけ、木本園長が独自に研究考案。人間の進化をたどるような、さまざまな動きで構成。一日の始まりのウォーミングアップとして毎朝15分。体を動かすことが好きになる土台づくりをねらいとする。

こうしてみると、「体育遊び指導法」に書かれている内容をうまく構成アレンジしていることがよくわかります。つまり子供の成長段階に応じたプログラムをつくり、それらを有機的につないでいる、ということです。

安田先生は指導法のなかで、子供の社会性を身につけさせることの大切さを繰り返し語っておられますが、木本園長もそのことを十分意識した保育を実践しています。たとえば「原野遊び」について次のように書いています。


原野遊びとは、ひと言でいえはゲームです。ルールのもとに、仲間（集団）と一緒にやる遊びです。だから、子供たちには「集団」ということを、あらゆる面で意識させます。集団を意識させることで、確実に社会性が身についていくからです。

まず、散歩から帰り、フリータイムで好きな遊びを15分ほどやったあと、私の「集合！」の声で集まり、チームごとに決められた場所に坐ります。このときも、保育士は「早く集まれ！」「集合、集合！」などと声を張り上げるようなことはしません。遊びに夢中で聞こえていない子供、気づかない子供がいる場合には、同じチームの子供やチームリーダーに「〇〇ちゃんが気づいていないよ、教えてあげて」と言うようにし、「このチームは集合が早いね、すごい！」とチームで競わせると、子供同士で教え合うようになって、私が声を張り上げなくても集まるようになっていきます。つまり、私や保育士は一歩引いたところで見守り、子供自身にその場を仕切らせるのですね。

チームリーダーは太陽の子(5歳児)に日替わりで担当させることで、誰もがリーダーとなる自覚を促しています。そうすることで子供が自発的・自主的に行動するようになり、集団で行動するときのマナーも身につけていく、ということです。

原野遊びでは子供たちの自主性を促すようにしながらも、遊びの全体構成や進行をうまくコントロールすることが、保育士の重要な役割とも書いています。それこそが安田先生が言ったプロとしての「職人技」と言えるでしょう。

「逞しい子供の育成」を目標に

杉の子認定こども園に行くと、小さな2歳児でも「こんにちは」「こんにちは」と一人ひとりが挨拶してきます。遊具遊びは朝夕の時間帯に、年齢に関わりなく子供が好きなことをやってよいことにしているので、自由にのびのびと遊んでいます。コマ回しをしたり、雲梯にぶら下がったり、鉄棒で数人の子供がいっしょに「こうもり」(鉄棒に曲げた脚をかけて前後にふる動作)をしたりしています。決して放任しているわけではなく、子供同士のルールにそった遊び方をしているのがわかります。

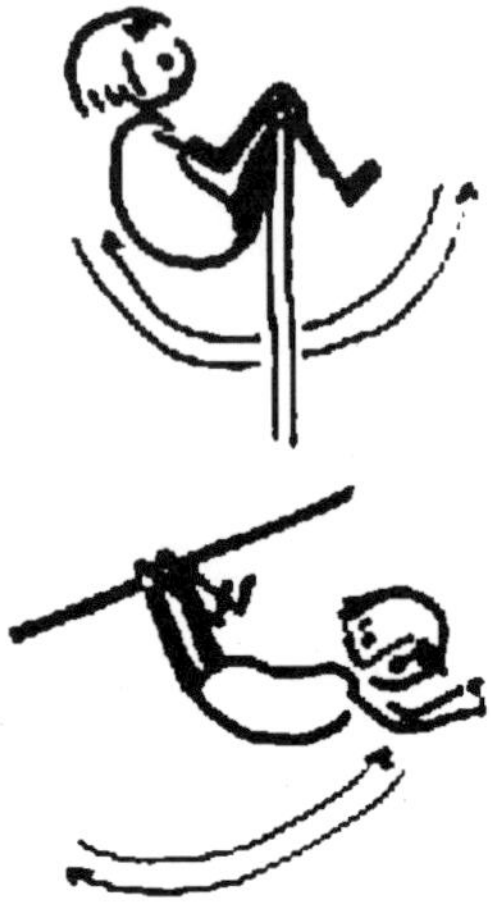

こうもり

私は何度もここに来ているのでそれがわかっていますが、初めて見学に訪れた人は、「危ない、だいじょうぶですか」と真っ先に言うそうです。鉄棒でぐるんぐるん回ったり、雲梯の上でバンザイをしている子供を見てびっくりするのです。そのとき木本園長は、

「大丈夫です。子供たちは、自分で危ないと感じることはやらないのです」と答えるということです。それでも不安視する人には、

「私たちが取り組んでいる『運動遊び』では、成長段階をふまえることを第一に、子供の能力が育っていない段階での無理な運動はやりません。また子供は大人たちが手助けしないことで、本能的に出来ることと出来ないこと、危険を察知する能力を身につけてゆくんです」といった説明を加えるそうです。

木本園長は、自園での保育に携わった当初、運動遊びを訓練のようにやっていたことを猛反省しました。そして、保育園時代は発達段階に応じたからだの土台づくりが何よりも大事ということでバランスのよい「運動遊び」を実践してきたのです。

子供がある特定のスポーツ技術を習得するのに最もふさわしい時期は、ゴールデンエイジ（9歳から12歳）と呼ばれています。この年代の子供は、したこともないスポーツ

を何度か見ただけで、すぐにその運動をおおざっぱながらこなしてしまう。他のどの年代にも見られないことなのでそう呼ばれるのですが、それには前提があります。その能力を発揮できるのは、身体の基礎的な体力やバランスが出来上がってこそ、ということです。すなわち、からだの土台と脳（運動神経）とのつながりがどこまでできているかにかかっているわけです。

鉄棒ぶら下がり

小さい子供のころに運動神経が際立っている子が、やがて何かのスポーツに打ち込むと選手として大活躍するという話は世間一般にもよく聞かれます。ただ、幼児期における「体育遊び」の目的は、そうしたスポーツ選手を育てるためではなく、あくまでも心身の土台づくりにあるわけです。

安田先生はそのことを「まともな脳」「まともな人間」に育てるという表現をしましたが、木本園長は同様の意味で「逞しい子供の育成」と表現しています。それはとりもなおさず子供たちの未来のためであり、これからの長い人生を逞しく生きてほしいからです。画家のブライアンが杉の子保育園の子供たちを見て、「僕も子供に戻って遊びたい」と言ったように、当園で育つ子供たちは大人になってからも「しあわせなこの時期」を懐かしく思い出すことでしょう。

２０１８年１月、私は九州博多でのイベント（第９回子どもとメディア全国フォーラム「スマホ社会と子どもの育ち」）に木本園長と共に参加し、その後、杉の子認定こども園を久しぶりに訪ねました。そのときに「まだ公開していませんが」と見せてくれたのが、「杉の子ｅｎｊｏｙ体操」の映像でした。これまでの杉の子リズム体操を発展させた体操ということでした。リズミカルな楽しい音楽に合わせて、人の成長プロセスをからだの動きで表現したもので、私は子供たちの生き生きした動きにものすごく感動しました。木本園長がまとめた保育実践書『運動遊びで育つ子供の力』も、小冊子ながら安田メソッドの実践的エッセンスが散りばめられています。

木本園長のように、全国で幼児教育に情熱を傾けておられる理事長や園長、先生方を私は数多く知っています。次章でご紹介する西大和保育園の理事長で園長の松本喜久子さんもそのお一人です。

安田メソッドは、そういう方々の情熱と努力によってさらに深められ、そこから逞しい子供たちが育っていくことでしょう。私たちにとっては、そのお手伝いさせていただけることが、大いなる喜びであり生きがいです。

第7章

人の成長・進化におわりはない

英才児や勉強のできる子
スポーツ万能の子供たちを
育てようというのではない
ただ、私たちは
「三つ子の魂百まで」を忘れずに
運動好きで明るく
心身のバランスのとれた人に
成長してほしいと願っている

吉川　静雄

「言うは易く行うは難し」

「逞しい子供の育成」という杉の子認定こども園の目標は、親の切なる願いでもありますし、言葉の表現は多少違っても、どこの園でも目標にしていると思います。いつの時代においても子育ての普遍的な目標とも言えます。

しかしそれは「言うは易く行うは難し」。とくに現代社会は、少子高齢化や核家族の問題、あるいは経済格差（二極化）などから子育ての環境は悪くなる一方です。たとえば昔は祖父母が孫の躾をしたりしましたが、共働きの核家族ともなると子供と過ごす時間が極端に少なくなり、子育ての悩みを抱える若い母親が増えています。悲しいことに、挙句にはノイローゼになって子育てを放棄したりもします。

昔は当たり前だった家族団らんの食事をする機会も減り、インスタントな食事を子供一人で食べる「孤食」という寂しい光景も増えていきました。私が「食育」の講演をよくするようになったのは、ちょうどその頃（1980年代後半）でした。保育園・幼稚園では「いただきます」「ごちそうさま」という最低限の生活マナーも教えなければいけない時代になったのです。

「ぼくが子供のころはまだ近くの野山で遊び回っていましたね。遊ばなくなったのは僕の世代より10歳下くらいからでしょう」

杉の子認定こども園の木本園長も指摘されているように、子供の外遊びの時間が急速に少なくなったのは１９８０年代以降で、もちろん全国的な傾向です。今の40歳代、30歳代と年代が下がるにつれ、その傾向は顕著になっていきます。

外遊びの楽しい体験が少ないと、安田先生が最も重視した「樹上遊び」と「原野遊び」がなぜそれほど大事なことなのか、頭では理解できても身体が反応できません。まして子供のときに木登りしたことがないとか、運動がそれほど好きでもない若い保育士さんであればなおさらです。１、２歳の子供が高さの低い雲梯によじ登っただけでも、反射的に「危ない」という反応が先にきてしまいます。自身が怖いと思っていては、安全を確保しながら見守ることができません。木本園長がさかんに「子供を安易に手助けしないように」と、経験の少ない若い保育士さんを励ます理由はそこにあります。

とはいえ、人間は誰しもその時代や社会環境のなかで生きているのですから、外遊びの体験が少ないからといってその世代の責任ではありません。ただ私としては、こうした時代だからこそ安田メソッドを伝える必要があると実感するのです。

エールが運営する「体育遊び研究所」では、園長（理事長）や先生たちを対象とした安田メソッドの研修を各地で定期的に開いています。また当然のことながら、安田式遊具を導入いただいた園には指導員が赴いてその使用法や指導法をお伝えし、園のご要望に応じた定期的な指導や研修も行っています。

研修を受けた先生たちが、「目からウロコが落ちた」とか「いろんな点で参考になり、自信がつきました」と喜んでくれることが、エールの若い指導員たちにとっても大きなやりがいです。

では実際にどのような喜びの声なのか、『輝け！ 命』のなかからいくつかを紹介します。

感動、衝撃、そして大きな気づき（3園の事例）

◆「出来ないけど前に出てやってみたい子」

私が一番気に入っている言葉は「出来ないけど前に出てやってみたい子」。一斉に元気な声で「ハイ」「ハイ」「ハイ」と手が上がる。先生に当ててもらいたくて先生の顔を見ながらアピールする子どもたち。出来なくて尻込みしてしまうのでなく、出来なくてもやりたい！ 出来るようになりたい！ 子どもたちをそんな気持ちにさせてしまう指導にはいつも感謝の気持ちでいっぱいです。

体育指導の中で頑張ることは勿論ですが、順番やルールを守る社会性、頑張っている友達を励ます思いやり、力を合わせる協調性やコミュニケーション力もしっか

大胡第二保育園　吊り輪

り育ち、身体だけでなく心もしっかり育っていることを実感しています。
「がんばりまめ」が出来たと言って得意そうに見せてくれる子どもたちの顔は眩しく輝いています。大事なこの幼児期に戸外遊びを十分にして、楽しみながら身体能力を高め、体を動かすことが気持ち良い、楽しいと思える子どもに育ってほしいと願っています。
「楽しいからこそ熱中し自ら育つ」
安田先生からいただいた言葉を大切にこれからも頑張っていきたいと思います。

（群馬県前橋市　大胡第二保育園・園長　阿久澤幸子）

◆目からウロコとはこのこと

関東営業所（エール）の富田さんが来園し、午後3時から延長保育の園児達、当園学童クラブの小学生合わせて30名強の子ども達にデモンストレーション指導が開始されると、見る見るうちに子どもの動きが機敏になり、鉄棒を楽しんで早くも年中児・年長児の数名が逆上がりが出来てしまい、今まで鉄棒が苦手だった小学生もするりと逆上がりが出来るようになってしまいました。

見ていた幼稚園の先生も私もびっくり！　目からうろことはこういう事かと思う感動でした。

そして、小学校3年生の男の子がこう言ったのです。

「園長先生、僕人生で初めて逆上がりが出来た！　嬉しいよ！」と。

感激する姿を見てこの教育指導方法は本物だと確信し、導入をその場で決めて今に至ります。安田式という素晴らしい指導方法に巡り合えて本当に幸せと感謝する日々です。

（埼玉県川越市　川越しらゆり幼稚園・理事長・園長　鈴木孝）

◆学生時代に学んだ体育は何だったのか？

園で最初に購入を決めたのはテクノロマン低鉄棒でした。移動ができ、安全性が高い遊具という点で購入しましたが、いつもの保育教材の業者から教材を購入するのと同じような気持ちであり、遊具到着によってこれまでの運動遊びが一変しようとは夢にも思っていませんでした。

到着当日、遊具は思った以上に素晴らしい質のものでしたが、それ以上に、遊具を使って指導している指導員の方の様子に釘付けになりました。指導方法や理論にただただ感心し、気が付くと持っていたビデオカメラの撮影が儘ならなくなっていた程、夢中になって見ていました。初めて来た大人が魔法のように子どもを惹きつけ、今までできなかった事がどんどんできるようになっていく様子は、小さいころから運動に携わり、学生時代体育を専門に勉強をしてきた私にとっては今まで教わって来た事は何だったんだろうと思える程衝撃的な出来事でした。

「運動遊び指導は一人だけができてもあまり効果がない。職員全員ができなくてはならない」などの運動遊びに対する考えともぴったりと合うものでした。

それからというもの、園長と相談し、平均台や雲梯などの遊具をそろえながら、職員向けの研修をお願いしたりして園全体で運動遊びに取り組んできました。子どものことが良く研究された理に適った指導方法はもちろんのこと、何よりも子どもへのあふれる愛情と情熱に心動かされ、更なる指導を向上させるための活力となっています（いろんな種目のメダルが増える「頑張りカード」はこどもの自慢です）。

（神奈川県秦野市　いまいずみ保育園・保育士　小川絵美子）

以上、群馬・埼玉・神奈川県にある3カ園の事例を紹介しました。言葉の表現は異なっていても共通する感想、感動があります。それはとりもなおさず、私たちが安田先生から直接メソッドを学んだときの感動そのものでもあるわけです。

真剣に子供一人ひとりと向き合う

安田式遊具を導入した園を訪ねてお聞きすると、常に共通した感想がもどってくるのですが、私たちにとって何よりも嬉しいのは、安田メソッドがじわじわと園全体に浸透していることです。その様子を、続いて2カ園（神奈川県と茨城県）でご紹介しましょう。

◆毎朝、安田式回遊サーキット

多くの幼稚園では体操の先生が1週間に一度園を訪ねて来て体操の時間が設定されているのではないかと思います。

クラス単位での少人数単位で体操の時間を過ごすとはいえ、結局のところ何台かの器具を怪我のないよう安全を考えながら行いますと、それも子どもたちにとっては十分動き回り心地よい疲れを感じる充足感を得ることは出来ていないのが現状ではないでしょうか。多くの子どもたちがほとんど待つばかりでいろいろな種目に関わることができないことの原因の多くは器具の数とそのやり方にあったのです。

そのような問題を一遍に解決してくれるのが安田式体育指導法と安田式遊具であったのです。

湘南やまゆり学園　朝の250人サーキット

周りで観ている子どもたちは居関さんの言葉掛けや一体感で「燃える集団」となり、得意な子だけでなく、普段おとなしく引っ込みがちな子までも、やりたい、自分にもできると思いどんどん躍動的になっている姿でした。どうせ僕はできない、どうせ私はできないからというような子どもたちの姿はそこにはありませんでした。

本学園でも遊具を導入し毎朝、安田式回遊サーキット（今までのローテション）を行っております。子どもたちと毎日一緒に過ごしている職員たちが安田先生の考え方をきちんと理解し、子どもたちを伸ばしてあげられれば本当にうれしいことです。

（神奈川県茅ケ崎市　湘南やまゆり学園・理事長　小山真史）

◆職員たちも燃える集団に

鉄棒といえば、園庭の片隅に固定されて人気のない遊具でしたが、目の前の移動式鉄棒は、赤、青、黄、緑と子供達の大好きな色鮮やかなものでした。驚いたのと興味があったので、ついつい食い入る様にお話を聞いていました。

その方こそ、安田式体育指導員の大澤宏至さんでした。熱心にお話しされる先生の言葉に引寄せられ、子供達を遊ばせてあげたいと思い、園に戻り早速購入の手続きをしました。

念願の鉄棒が大澤先生と一緒に保育園にやって来ました。そして、子供達の目の前で設置されました。大喜びの子供達は眩いばかりの鉄棒にぶら下がったり、前まわりをしたりして嬉しさを隠し切れない様子が手に取るように伝わって来ました。そして大澤さんの体操教室が始まりました。テキパキとした動き、魅力的な言葉掛け、適切な介助に子供達はまるで魔法にかけられた様にキビキビと運動し、回を重ねる度に、「大澤先生大好き」「運動大好き」な子へと変わっていきました。

子供達の体力向上とやる気を考え、安田式遊具も、雲梯、登降棒と増えて行きました。

子供達のチャレンジ精神も旺盛になり、自由活動時間になると、一人ひとりがんばろうとする目標を持って、がんばる姿が見られるようになりました。大澤さんの「燃える集団作り」の効果が日に日に現れ、年長児が火付けとなり年中児、年少児へと燃え広がり、今では3歳未満児さん達も鉄棒にぶら下がったり、登降棒に登ろうとする姿も見えるようになりました。

ついつい言葉掛けばかりが多くなってしまっていた保育士達も、大澤さんの言葉や行動に気づかされ、本気になって体ごと子供達とぶつかり合える職員集団へと変わって行きました。いつも、いつでも、真剣に子供一人ひとりと向き合う事の大切さも教えていただきました。

（茨城県筑西市　たけのこ保育園・理事長・園長　尾見純子）

「神の内の子供」にもっと遊びを！

日本には、「七歳までは神の内」という言葉があります。昔は乳幼児の死亡率が非常に高かったこともあり、子供が自力で生きるも死ぬもすべて「神の内」に委ねられているという考え方があったからと言われています。

小児は3歳で「髪置」、男子は5歳で「袴着」、女子は7歳で「帯解」という風習が七五三の起源ということですが、子供を中心とするお祭りが多く残っているのも神に近い存在と考えられていたからだということです。

小児は七五三での行事を通して成長の節目として、神の領域から人間の領域へと近づいていきます。それまではなるべく人間の手をくわえないで、子どもを自然の状態においてその成長を見守るという児童観が日本にはありました。それに対して欧米社会では

「子どもは未熟な大人」という見方が根強いと言われています。「神の内」と「未熟な大人」とでは、児童観が根本的に異なるというわけです。

幕末や明治期の日本を訪れた欧米人が、「まさしくここは子供の楽園だ」と驚き称賛した背景には「七歳までは神の内」という日本文化の伝統があったからかもしれません。初代駐日英国公使・オールコック（１８５９～６４年駐日）はこう言っています。

イギリスでは近代教育のために子供が奪われつつあるひとつの美点を、日本の子供たちはもっている。すなわち日本の子供たちは自然の子であり、かれらの年齢にふさわしい娯楽を十分に楽しみ、大人ぶることがない。

（『逝きし世の面影』渡辺京二　平凡社）

とにかく江戸末期から明治にかけて日本を訪れた欧米人のほとんどが「色眼鏡」で見ているのではないかと思われるほど、陽気で明るい、よく働く、親切で正直、礼儀正しく、賢い、清潔好きな国民であると褒めたたえているのです。

今にして思えば、そんな伝統がある日本だからこそ、安田メソッドは生まれたのだと確信します。と同時に、残念ながらその伝統がいつからか崩れつつあり、その危機感から安田メソッドは生まれたのだとも思うのです。

次に紹介するのは、京都の八瀬野外保育センターの『紀要』に寄せた安田先生の文章からの抜粋です（１９８２年９月）。

子供の遊びを奪っているのは、親と教師と社会であります。また、正常化するのも、当然、親と教師と社会であります。日常の遊びが成長の秘訣です。幼少期には、運動・遊びが不可欠です。過保護・過待避、過補助な生活が、無気力・無関心・無感動を生み出す。小さいケガを経験することで、大きなケガを防止できる能力が身につきます。

遊びを奪われ、遊びに熱中して成長した経験の乏しい年齢層によって家庭内暴力、学校暴力、非行、反社会暴力、犯罪が頻発させられている。暴力・非行の反対に自閉的・不適応的な現象も非常に多い。我が国の30歳以下の者の身体精神は、未熟と老化が併行した状態であると案じられている。今にして正さなければ、20年先の我が国は暗澹《あんたん》たるものと言わざるを得ない。「子供たちに遊びを、子供達よ遊びを！」と腹の底から叫ぶものである。

世の中は豊かになったかに見えるのに反比例して、犯罪の低年齢化、いじめや引きこもり、自殺などの問題は後を絶ちません。悲しい事に、安田先生の危惧された通りになっているのです。

「腹の底から叫ぶ」という安田先生の思いを、安田メソッドの普及を通じて継いでいくことが、私たちの役割であり、社会的使命でもあると思っています。

寺子屋教育に学ぶこと

著作権取得の際、その分厚い申請書類の最後に、こう書きました。

That is why I shout heartily,“Give play to Children, and Children, play!”

英訳では、「腹の底から」が、heartilyとなっています。心の底からという意味合いでしょうが、私にしたらやはり「腹の底から」がぴったりきます。

何事にも動じない人のことを「腹（肝）の据わった人」と言うように、古来日本では五臓の中心に位置する臍下の「丹田」を鍛えることを重視してきました。禅の坐禅、武道や芸道などにおいて丹田の錬磨が大切とされてきたわけです。

腹（肝）が据わるということは腰も据わる、ということで背骨がシャキッと伸びます。森信三先生は、姿勢を正しくすることが大事ということで「立腰《りつよう》教育」を提唱されました。その教えや修身教育を継承した「天分塾」という塾が大阪にあり、私は一時期入塾して学びました。

森信三先生も嘆かれていたように、戦後の教育は知識偏重（知育）になっていきましたが、寺子屋や藩校、私塾がさかんだった江戸時代後期における教育は、知育だけではなく、人格・学識合わせもった徳育（修身教育）を重視していました。

寺子屋に就学する子供の年齢は7～8歳ころといいますから今の小学1、2年生です。入門時には寺子は正装して親に連れられて師匠に入門の願いを述べます。それから5～6年の間に、厳しい封建の世を生きぬく智恵と知識、人間関係に関する礼儀作法や生活習慣などを身につけていくのです。

ちなみに寺子屋という名称は、かつては僧侶が寺で教えていたことがその由来ということですが、やがて教養のある武士や商人・町人なども教えるようになっていきました。とくに授業料の定めはなく、あくまでも「謝儀」としてお礼を出すのが通例でした。

当時、寺子屋で用いられたテキストの『童子教』に、「七尺下がって師の影をふまず」という言葉があり、現代人からすれば封建的な教師像ということになります。しかし尊敬する師に教えを請う者の礼儀と考えれば、実際7尺下がらないまでも、それぐらいの気持ちと熱意が大事ということです。現代はあらゆる情報がネット上で簡単に手に入りますが、それらは「単なる情報」にすぎません。本当に生きた知恵は人から人に伝わるものです。要するにここで私が言いたいことは、頭でっかちな知育に偏りすぎた現代の教育の在り方に問題が多いということです。

今の学校教育では、授業についていけない子供を「おちこぼれ」と差別的に言われたりします。しかしいつの時代にも子供の学習・体力の発達度合の差はありますから、江戸時代の寺子屋では、こうした問題が起きにくいように学習の仕方に工夫がされていたようです。

寺子屋で使われた机は天神机と呼ばれ、男机と女机にわかれ、その寸法も大・中・小にわかれていました。そして、師匠は子供たち全員が見通せる場に座り、子供たち同士はそれぞれの天神机を対面にして座るのが習いでした。今の学校のように一斉授業を原則としない寺子屋では、子供一人ひとりの発達度合に応じて教え、また先に進んだ子供が遅れている子供を指導することもありました。そういう配慮のもとに、子供たち同士が対面に座ったということです（参照：『日本人をつくった教育』沖田行司　大巧社）。

さらに興味深いのは、寺子屋では卒業証書もなく、成績によって進級することもなかったけれど、子供の競争意識を向上心へとつなげるさまざまな工夫が凝らされたということです。

子供たちの机の配置によって、進んだ子が遅れた子に教えたり、子供の競争意識を向上心へと向かわせるというのは、まさに安田メソッドの考え方（指導法）と同じです。

幼児教育において大切なことは、体育遊びで脳とからだの土台づくりをしながら、社会性（コミュニケーション能力）を育てていくことです。社会性を言い換えれば、徳育ということになるでしょう。

むろん知育を否定するつもりは毛頭ありませんが、体育と徳育が土台となって知識は生かされ、肚（信念）の据わった人物になっていくのではないでしょうか。文武両道は武士の理想でしたが、食や環境の問題が多い現代では「食育・知育・体育（遊び）」の三位一体が大切です。

健全でたくましく、社会性を身につけた人間に

1872年（明治5年）までの藩校総数は約280校、私塾は約1500校、寺子屋総数が約1万1200校もあったということですが（文部省編『日本教育史資料』）、統計に表れない私塾や寺子屋の数はもっと数が多かったようです（人口比からすると、寺子屋の数は現代の小学校より多かったと言われています）。

寺子屋は庶民の「読み書き算盤」の初等教育、藩校は武士を対象とした中・高等教育、そして私塾は地域や階層を超えた中等から高等教育機関と位置づけられます。幕末から明治維新にかけて藩校や私塾から有用な人材の多くが輩出されていますが、寺子屋が果

たした役割も大きかったことは言うまでもないでしょう。藩や幕府の経済・財政は富豪商人たちの支えがあり、識字率が世界一の庶民がいてこそ明治維新は成就し、西洋が驚く速さで近代化も果たせたと思うからです。

庶民は寺子屋で4～5年間「読み書き」を学んだ後、早くて10歳前後、普通は12～13歳位から、商人の「丁稚奉公」あるいは職人の「年季奉公」生活に入りました。商人は、丁稚から半人前をへて手代へと進み、能力があれば25歳位で番頭に抜擢され、1～2年のお礼奉公をへて30歳前に主人から屋号と資本金を譲り受け、「暖簾分け」と称して自分の店を持つことができました。むろん独立できるのは限られ、手代や番頭で終わる人のほうが多いわけです。

職人の場合でも同様で、たとえば大工職人が棟梁として独立できるのは限られてきます。10年を区切りとする徒弟修業のあいだに、大工道具の扱いや木材の知識、建築に関する知識の習熟はむろんのこと、職人たちを上手に使う「人望・人徳」といったことなども師匠から学び取るのです。

しかも職人の世界では昔から、技は「学ぶ」のではなく「見て盗め」ということが伝統となっています。なぜでしょうか？

職人は自分の子供を弟子として教えず、一人前の職人として育てるため、他の同業者のところで修業させました。親子の情で甘えになることを怖れたからです。「他人の釜の飯を食べる」ことで、厳しい現実を学ばせたのです。また弟子の学び取る意志を確かめるため、辛い下積みの経験をさせたりして、なかなか教えようともしませんでした。本当に学ぶ気があれば目で見て盗め、というわけです。

商人の世界にしろ伝統職人の世界にしろ、辛い下積み生活をさせることで、知恵や技ばかりでなく、心と肚をも鍛えようとしたのです。人の上に立つ者としての人徳を重視したからです。近年はあまり厳しくするとすぐ辞めてしまうので、さすがにそこまでの厳しさはないにしても、とくに伝統職人の世界では「教えずして学ばせる」という伝統は変わっていないと思います。

子供は好奇心のかたまりで、自分が知らないこと、興味のあることを学ぼうとする意欲をもっています。だから安田メソッドでは、子供の意欲と自主性を引き出すために、指導者が教えすぎることを戒めているわけです。泣けば何とかなると、甘えの効用を知った子供はよく泣いて自我を通そうとしますが、そのときも指導者は要注意です。前章の杉の子認定こども園の指導で見たように、あえて手を差し伸べることを我慢し、泣き止むのを気長に待って次の行動に移ります。子供の脳とからだの成長ばかりでなく、我が儘は通らないということを教え、少しでも精神的成長と社会性を促すためにそうするのです。

安田メソッドが体育あそびで目指すものは、身体的・精神的・社会的な面などでも子供の成長を促すことです。道徳という言葉こそ使っていませんが、「精神的・社会的な面」の成長というのがそれに該当するものであり、安田先生の言う「まともな脳」「まともな人間」です。

私は、著作権の申請書に「私の夢」として、こう明記しています。

「安田メソッドの普及を通じて、健全でたくましい、思いやりのある社会性を身に付けた、心身共に立派な日本人を育てることなのです」

一人前になる教育

がんばりまめの杜「試遊館」がオープンして今年で7年目になります。春と秋はとくに多くの園児たちが訪れ、まさに「子供の楽園」のような賑いです。試遊館を全国各地につくり、こうした楽園のにぎわいを広めていきたいというのが私の一つの夢です。たとえば、過疎地と呼ばれる地域に廃校が増えていますが、そうした廃校を活用したら地域の活性化にも貢献できるのではないか、などと考えたりします。

そのためには安田メソッドを指導できる人材を、遊具の普及とともに数多く養成していく必要があります。指導のすべてを任しきれる一人前の人材です。

一人前といえば、民俗学者の柳田國男は、近代教育の問題点は「一人前になる教育」が失われたことだと指摘したということです。前近代では家や村や地域共同体に、さまざまな行事や祭りを通して「学習」する「場」が存在した。1人の人間の誕生から人生の終焉を迎えるまで、学ぶ場があった。それらの伝統が失われたことで「一人前になる教育」が難しくなったというのです。

かつて子供は、家の子供であるばかりではなく、村（共同体）の子供でもありました。村祭りにしろ、田植えや収穫時の労働にしろ、子供同士の野外遊びにしろ、年間の生活を通して人は絶え間なく学んでいました。子供の躾や、人としてあるべき道徳観念などは、親や村の人々、あるいは青年団などが伝えていました。それに加えて、一人前の人間を育てる寺子屋や私塾、厳しい丁稚奉公や徒弟制度がありました。ところが、近代における学校教育は「学び」を「教え」に変換し、教育を学校に閉じこめてしまったというわけです。

なるほど、たしかに学校教育が始まる明治以前は共同体の役割というものが大きかったでしょうし、現在でも地方の村々には昔ほどではないにしても、そうした伝統が息づいている所も少なくないと思います。

しかし隣人の名前さえ知らないという現代の都会生活のなかでは、人間関係は希薄になる一方で、大人も子供も孤立しがちです。「学び」といったら学校のほかに塾通いや趣味のクラブなどに限られてきます。それでも都会は都会なりに住民たちが協力しあって、子供の登下校を見守ったり、商店街や自治会が新たな祭りをつくって融和と懇親を図ったりしています。ただしそれでも、かつての村共同体のようなわけにはいきません。なぜなら、田舎から都会に移った人の多くは、「村での人付き合いがわずらわしい」との思いがあり、他人からの干渉があまりない都会暮らしの自由さを求めるからです。そこに都会の孤独や孤立が生まれます。

白鳳会　特養ホーム

では、柳田國男が指摘したという、前近代的な社会が保持していた「一人前になる教育」は、学校のほかに誰が担えばよいのでしょうか。

大学の先生からよく聞く話といえば、学生たちの勉強意欲がますます低下していることです。また企業の経営者や管理職から聞く話は、基本的な挨拶やマナーから教えないといけないので社員研修に時間と費用がかかるということです。これらのことはマスコミでも取り上げられていますから、大方はそのとおりなのでしょう。昨今の若い人たちは、将来の夢や目的意識があいまいであることが、勉強意欲ばかりでなく、一人前の人間になる意欲さえ減退しているのでしょうか。

社会福祉法人白鳳会の理事長である松本喜久子さんは数年前、自ら園長を務める西大和保育園からほど近い場所に、特別養護老人ホームを開所されました。保育園には開園当初から安田式遊具が導入されましたが、特養老人ホームの庭にも設置されました。

園児たちが老人ホームを訪ねたとき、園と同じ安田式遊具があるので、子供たちは喜んで遊びます。その様子を見たお年寄りが元気をもらい、園児たちに声をかけ、コミュニケーションがひろがります。

核家族が増えて子供がお年寄りに接する機会がほとんどなくなった現代、幼い子供たちのなかには「年寄りは汚い、怖い」といった感情や偏見も芽生えています。そういうことがないように幼児教育の一環として、子供たちを老人ホームに連れていき、そのついでに安田式遊具で遊ばせたらお年寄りたちも喜ぶから一石二鳥です、と松本喜久子さんは笑って話しておられました。

松本喜久子さんは若いころにミス着物日本に選ばれて、TVコマーシャルにも出られるような売れっ子モデルでしたが、結婚を機に引退されました。その後、日本の将来を担う青少年の教育が大事だという弟さんの田野瀬良太郎氏（元・衆議院議員）とともに、西大和学園（中学・高校）を創立されました。西大和学園は今では東大・京大への進学率の高い進学校として有名ですが、数年前には大和大学を創立されました。「大志を、まとえ。」というのが大学のスローガンで、大志をもって未来を切り拓くことのできる青少年の教育を謳っています。日本の未来のためにも、たいへん素晴らしい理念だと思います。

弟さんと共に青少年教育に情熱を燃やしていた松本先生が、２０１１年に西大和保育園を開き、その次に辿りついたのが老人ホームの運営だったのです。

ここで私が何を言いたいのかといえば、小中高・大学の教育にはそれぞれの役割は当然あるけれど、松本先生が言われるように「躾や教育の原点はやはり幼児期にある」ということです。むろん保育園・幼稚園だけで「三つ子の魂」が健やかに育てられるわけではなく、家庭やあらゆる教育機関を含めた社会全体で見守り育てる必要があることは言うまでもないでしょう。その意味でも、特養老人ホームに遊具を設置したことは、とても意義のあることだと思います。

いずれにしても人を「一人前にする教育」は簡単なことではありませんが、松本喜久子さんのように信念と情熱とバイタリティあふれる教育者は全国各地におられるでしょう。安田メソッドがそういう方たちを通じて、「三つ子の魂」を育てるお手伝いができることは、私にとってとても嬉しいかぎりです。

躾――慈愛の一念から

それにしても親が我が子を「一人前の人間」に育てることはなかなか難しいことです。多くの人が親になってみて初めてそれを実感させられると思います。

子供の将来のためには躾を厳しくしないといけないからと、厳しさの度合いが過ぎると、いつも愛情に飢えたようになって親を憎むようになったりします。かといって甘やかし過ぎると自己中心的で依存心の強い人間にもなりかねません。辛さ甘さの「ほどほどの加減」というのが実に難しいと、私も二児（娘）の親として実感しています。

伝統職人の世界で我が子を同業の職人に預けるのは、「他人の釜の飯を食べる」経験をさせることで、プロの厳しさ、世間の厳しさを学ばせるためです。預かった方としても「他人様の子を何とか一人前に」と責任を感じて育てますし、預けられた本人には何よりも自覚というものが生まれます。

森信三先生は「人生二度なし」という平明な真理を説かれ、「真理は現実のただ中にあり」と言われています。そのためにはまず、人間に性根を入れる極意として腰骨を立てる「立腰教育」を広めていきました。腰骨を立てることは姿勢を正すことになり「性根が入る」ということです。

数多い著書のなかでも『修身教授録』（致知出版社）はロングセラーとなり、今日でも多くの経営者やリーダーに愛読されています。修身と聞くだけで、何だか古臭いと言ったりする人がいますが、「身を修める」というのは、人としてあるべき生き方であり、時代性を越えた普遍的なテーマです。

森信三先生の「修身」には、人間らしい生き方のなかでも、男性は男性の、女性には女性の「らしい」生き方があるはずだと言っています。ここでは「女性らしさ」の修身について書かれた本『女性のための修身教授録』（致知出版社）を取り上げてみます。（以下の文章は抜粋です）

わが子の教育について最も重大な点は、両親、特に母親の心構えが、その根本だといえましょう。すなわちわたしたちは、平素ともすればわが子を、自分たち夫婦の所有物でもあるかのように考えやすいのですが、しかしその誤りについては、ただ今申したことによってお分かりになられたことでしょう。

人間というものは、自分の天分を発揮し実現するだけでは不十分でありまして、どうしても今一つ、「人に対して親切な人間」に育てねばならぬと思うのです。

われわれ人間というものは、たとえその人がいかに才知才能があったとしても、もしその人間が利己的であって、何ら人のために尽くすことがなかったとしたら、それは実につまらない人間であって、わたくしたちはそういう人間にしては、何ら尊敬の念がもてないどころか、なまじいに才能あるがゆえに、かえってそういう人間に対しては、心中ひそかに軽蔑せずにはいられないでしょう。

（「わが子の教育について」）

われわれ人間は、この甘え心一つでも、これを本当に取り去ることができたら、相当立派な人間になれると思うのです。そもそもここで甘え心というのは、他人にもたれかかるということであって、つまり自己が確立していない何よりの証拠といってよいでしょう。そこでわたくしたちの修養は、まずこの甘え心から抜け出すことと言ってもよいでしょう。

つまり一口に言えば、自分のいやなことは他人になすりつけ、自分の好きなこととなると、他人から奪って平気でいるという態度が、すなわち甘えるということでしょう。

（「甘え心」）

躾けというものは、子どもの教育の根本となるものですが、しかもそれは、まったく母親の聡明と根気によるほかないからであります。

そもそも躾けが大事だということは、一応は誰でも知っているわけですが、しかし真にわが子の躾けのできる母親というものは、おそらく10人に1人もいないといってもよいほどです。そしてその根本は、畢竟《ひっきょう》するに母親がわが子に対して根負けするからであります。

躾けというものは、ある意味では、親と子どもの根比べといってもよいからです。つまり親が負けるか子が負けるか——という一種の根比べといってよいのです。

では、そのような根気というものは、一体どこから出るかというと、結局それは母親のわが子に対する慈愛の一念のほかないといってよいでしょう。すなわちわが子の躾けに対する根気の源泉は、まったく母親の慈愛の一念のほかないわけであります。

つまり「この子の癖は、今のうちに直しておいてやらぬと、あの子はこの癖のために、つまずく時があるかもしれないから」というような、聡明な見通しから湧き出る慈愛によって、「どこをどうしても、この癖だけは取り除いておいてやらなくては」という一大意志力も出てくるわけであります。（「子どものしつけ」）

いかがですか？　私がここで取り上げた理由は、強いて説明しなくてもおわかりいただけたのではないかと思いますが、安田メソッドが目指しているのも、子供たちが、身を修めて自立した大人になることです。1個のミクロの受精卵から、この世に生を受けること自体が奇跡です。その奇跡に心から感謝できるような人となり、「人生二度なし」

の現実社会を逞しく生きてほしいと願うのです。

免疫力を高める身体運動とメッセージ物質

ヒトの受精卵の大きさはわずか0.1ミリほどで、その重さは１００万分の３グラムだそうです。わずか１つの卵細胞が分裂を繰り返しながらすべての臓器を創りだし、出産時には身長が５０００倍の50センチ、体重は約10億倍の３０００グラム（平均）になるのですから神秘というしかない驚きです。ｉＰＳ細胞は、卵細胞と同じ生命原理により、すべての臓器を創りだすことができるというわけです。

そのｉＰＳ細胞の発見でノーベル生理学・医学賞を受賞した京都大学の山中伸弥教授は、ＮＨＫスペシャル『シリーズ　人体　神秘の巨大ネットワーク』のなかで、「我々が大学で学んだ医学はいったいなんだったのか」と苦笑まじりに言っていました。

シリーズ7回目の最終回として放映（２０１８年3月25日）された番組は、「〝健康長寿〟究極の挑戦」というタイトルでした。人体のなかの臓器は独立した役割をもちながらメッセージ物質を発しており、すべての臓器が互いにその物質でつながっているということです。最新科学で解明されてきた人体の神秘な仕組みは山中教授をも驚かせ、「大学で学んだ医学はなんだったのか」と苦笑いさせたのです。

密教には曼荼羅図というさまざまな仏さまを配置した絵がありますが、これらのすべての仏さまは配置に関係なく互いにつながっていると聞いたことがあります。つまり人体という小宇宙もまた曼荼羅図と同じというわけです。

安田先生の研究所にて筆者（左）と（2011年）

この番組のなかで、ある外国の研究が紹介されていました。運動することで免疫力（自然治癒力）が高まるのだから、その特定メッセージ物質を究明できたら細胞若返りの薬の開発にもつながるはずで、可能性は十分にあると研究者は断言していました。実際、その国の病院では身体運動そのものを「治療方」の一つとして取り入れているということでした。

病気になって寝たきりになると最初に衰えるのが脚力です。筋肉が弱まるというだけでなく、脚の骨そのものが痩せてしまうからです。宇宙飛行士にも同じことが言えます。

身体の重さを支える必要がない宇宙の無重力環境では、老化現象を早送りするような感じで骨や筋肉が急速に衰えていきます。そのため宇宙飛行士は、宇宙に長期滞在している間は、毎日2時間の体力トレーニングが義務付けられているということです。

各臓器から出るメッセージ物質は当然、脚の骨細胞からも出ているということで、上下にジャンプを繰り返すだけで体幹を強化した運動選手の事例も、先のシリーズ番組で紹介されていました。

体力の限界を超えた運動をしないかぎり、健康維持の最適の方法は適度な運動です。ときたま「私は運動嫌いで」という人にも出会いますが、その人はおそらく子供のころからの運動嫌いだっただろうと想像します。幼児期に体育遊びを楽しんで育った子供は、大人になってからも何らかの運動・スポーツを続けると思うからです。

身体運動というものが各臓器の細胞の活性化につながり、免疫力を高めるという最新科学の知見を知るにつけ、私たちは安田メソッドを世に広めることの意義を再確認することになります。

「立派な日本人を育てる」お手伝い

この数年、人工知能（ＡＩロボット）の目覚ましい進展によって社会の仕組みや制度、働き方などにも変化の兆しが出はじめています。それはまだ多くの人の目には見えませんが、たとえば大手企業では膨大な数の事務処理にＡＩロボットを活用するようになってきました。クセのある手書き文書でもＡＩロボットが読み込めるようになったからです。スキャニングした文書を自動でデータ入力することで、人の労働力の何十万時間が合理化できるということです。退屈な単純作業にありがちな人的ミスがなくなり、しかもＡＩロボットは文句も言わず休みなしで働きます。

こうなると近い将来、人間の働き方は自ずと変わっていくし、さまざまな職種で失業問題が起きてくるでしょう。人と人との対面で行われてきた教育分野にもＡＩロボットの教師が現れてくるにちがいありません。

そんな未来を想像すると、山中教授ではありませんが、「いったい私は何を学んできたのか」と不安に感じるかもしれませんが、大丈夫です。ＡＩロボットがチェスや将棋の名人との勝負に勝ったからといって、私たちの脳やからだに困った異変が起きるわけでもありません。いくらＡＩロボットが進化していっても、それを使うのは人間です。自分らしく人間らしくＡＩロボットとお付き合いすればよいわけです。

それよりも私たちがどのように考えて、社会とどう向き合い、喜びや幸せの多い人生を送るかということが誰にとっても一生涯の大きなテーマです。これを言い換えれば、「あなたは、あなたの脳のリーダーであり、発明家であり、教師であり、使用者である必要がある」（『スーパーブレイン』）ということです。

そういう意識と覚悟をもって生きることが大切なのではないでしょうか。

ＡＩロボットがどれほど進化していっても、人間の脳の進化にも終わりがないことは、現代科学も明らかにしています。それはつまり内面の成長にも終わりはないということ

研究所で囲炉裏談義（2011年）

です。世界の見え方も感じ方も、それらのすべてはあなた自身の意識（内面）が生み出しているわけです。

私は、安田メソッドを通じてまだ白紙に近い子供の脳とからだの成長に関わっているので、『スーパーブレイン』が繰り返し言っていることに共感を覚えますし、責任を感じます。子供たちが体育遊びによって心身ともに健やかに成長し、大人になってもその心を忘れないでと切に願うからです。

そして、どんな時代、どんな社会にあっても「まともな人間」として心豊かな人生を！

人の成長・進化におわりはないのであればなおのこと、何よりも先ず、幼少のころから身体機能を健やかに育んでいかなくてはならないのです。

まともな人間としての「立派な日本人を育てる」お手伝いを。

私は唯々その一念で、これからも安田メソッドの普及に残りの生涯をかけて邁進していきます。

参考図書

◆書籍

幼児期には2度チャンスがある　相良敦子　講談社　１９９９年
子どもの本の選び方・与え方　鳥越信　大月書店　１９８２年
子どもの本との出会い　鳥越信　ミネルヴァ書房　１９９９年
伸びる子の育て方　『小学一年生』編集部編　小学館　１９９３年
江戸の子育て読本　小泉吉永　小学館　２００７年
逝きし世の面影　渡辺京二　平凡社　２００５年
語り継ぎたい美しい日本人の物語　占部賢志　致知出版社　２０１０年
女性のための修身教授録　森信三（編者：寺田一清）　致知出版社　２００９年
日本人をつくった教育——寺子屋・私塾・藩校　沖田行司　大巧社　２０００年
学校の失敗　向山洋一　扶桑社　２００１年
真っ当な日本人の育て方　田下昌明　新潮選書　２００６年
脳を鍛えるには運動しかない！
　ジョン・J・レイティ／エリック・ヘイガーマン（訳：野中香方子）　日本放送出版協会　２００９年
GO WILD　野生の体を取り戻せ！
　ジョン・J・レイティ／リチャード・マニング（訳：野中香方子）　日本放送出版協会　２０１４年
一流の頭脳　BRAIN　アンダース・ハンセン（訳：御船由美子）　サンマーク出版　２０１８年
脳は出会いで育つ　小泉英明　青灯社　２００５年
スーパーブレイン
　ディーパック・チョプラ／ルドルフ・E・タンジ（監訳：村上和雄　訳：大西英理子）　保育社　２０１４年
進化しすぎた脳　池谷裕二　講談社　２００７年
にほんのあそびの教科書　にほんのあそび研究委員会編　つちや書店　２０１５年
手と脳　久保田競　紀伊國屋書店　２０１０年
自然学の提唱　今西錦司　講談社学術文庫　１９８６年
幼児教育と脳　澤口俊之　文藝春秋　１９９９年

思いやりのこころ　木村耕一　1万年堂出版　2007年
運命を開く　安岡正篤　プレジデント社　2015年
本物に学ぶ生き方　小野晋也　致知出版社　2011年
琵琶湖のほとりから地球を考える　鈴木紀雄　新草出版　1990年
食品の裏側――みんな大好きな食品添加物　安部司　東洋経済新報社　2005年
食で医療費は10兆円減らせる　渡辺昌　日本政策研究センター　2015年
奇跡が起こる「超少食」　全国健康むら21ネット　マキノ出版　2007年
青汁少食でアレルギーが消えた　甲田光雄　雄鶏社　1993年
伝統食の復権　島田彰夫　東洋経済新報社　2000年
牛乳は子どもによくない　佐藤章夫　PHP研究所　2014年
傷はぜったい消毒するな　夏井睦　光文社新書　2009年
葬られた「第二のマクガバン報告」上中下
　T・コリン・キャンベル／トーマス・M・キャンベル（訳：松田麻美子）　グスコー出版　2011年
病気をよせつけない生き方　安保徹・ひろさちや　ぶんか社　2008年
最強の免疫学　安保徹　永岡書店　2004年
9割の病気は自分で治せる　岡本裕　中経の文庫　2009年
減塩の恐怖　中嶋孝司　蝸牛社　1993年
土からの医療　竹熊宜孝　地湧社　1983年
花一輪の宇宙　詩：坂村真民　絵：海野阿育　鈴木出版　1989年
子どものからだと心　白書（2006年・2010年・2017年版）
　子どものからだと心・連絡会議編　ブックハウス・エイチディ

◆雑誌
今「子供」が危ない　ウータン「驚異の科学」シリーズ10　学習研究社　1992年
こころと脳のサイエンス01号（SCIENTIFIC AMERICAN 日本版）　日経サイエンス社　2010年
体育遊び指導法　安田祐治　公益財団法人外あそび体育遊具協会　2013年
輝け！ 命――安田式遊具にかける想いと実践　エール株式会社　2015年

あとがき

本文にも少し触れましたが、私は２０１８年暮れに初めての本を出版（あうん社刊）しました。そのタイトルは『一念一途に』、そして副題を「三つ子の魂・花ひらく」としています。

私の約半世紀を振り返ったものですが、全7章のうち1～5章までは学研代理店として創業したヨシカワ図書（現・ヨシカワ商事）の話が中心です。今もそうですが、「食と環境」がヨシカワ商事のメインテーマですから、当然その話が大半を占めています。そして6～7章には、第二創業をしたエール㈱と安田式遊具とその指導法について書いています。私は安田メソッドについて書きながら、2章だけではとても語りつくせないと思っていました。安田祐治先生の功績を讃え、世に問うためにも、副題の「三つ子の魂・花ひらく」というテーマを別の一冊に書こうと考えていたのです。

本書の執筆にかかろうという矢先でした。２０１８年11月、真っ暗なゴルフ場の駐車場で、車止めのブロックにつまずき転倒。しばらく放置していたのですが、右腕が上がらないので病院で診断したところ右肩腱板断裂との診断でした。全身麻酔で内視鏡による手術3時間、術後は器具で右腕を24時間固定し、左手だけの生活を3カ月間余儀なくされました。

安田先生が重症筋無力症を患われ、88歳の高齢にもかかわらず筋トレで克服された姿を見てきましたので、私も毎日チューブ体操や筋トレに励んでいたところ、今年の5月、『らくらくスロージョギング』（講談社新書）の著者・讃井里佳子さんとの出会いがありました。スロージョギングは上皇・上皇陛下が皇居内でなさっていることで有名になったと知りました。そこで私も、令和元年の佳き記念にと、30年来続けてきた朝の散歩に代えて、スロージョギングを始めることにしました。

怪我のおかげで本書を執筆する時間が十分にとれたことを、今では感謝しています。原稿を書きながらつらつら振り返り、令和元年のうちにエール㈱の代表取締役を後進に譲ることを決めました。その意思は数年前から固めていたのですが、今がよいタイミングであると思い至ったのです。

安田先生と運命的に出会ってエールを創業した直後、私の夢に共感した長女は、大学卒業後すぐに第1号社員として入社してくれました。その後間もなく、阪神淡路大震災での学生ボランティアを通じて知り合った彼女のパートナーも大手銀行を辞してエールに入社し、今では立派に安田先生の後継者となってくれました。2人を始めとする社員の支えもあって、安田メソッドは今日を迎えています。

振り返ってみれば、私が安田先生と初めて出会ったとき、先生は75歳でした。25年経って私は、当時の先生と同じ年齢に達したわけです。これからは私も生涯現役を貫かれた安田先生のように、立派な日本人を育みたいと日々努力されている全国各地の先生方とお出会いし、熱く語り合いたいと願っております。

本書は、安田先生を顕彰することを一義目的に、安田式遊具とメソッドについての理念とその概要をまとめたものです。もっと指導法の中身まで踏みこんだ内容にという意見もありましたが、それを書きだすと1冊ではまとめきれません。安田メソッドをさらに具体的にお知りになりたい方は、エールが運営している「安田式体育遊び研究所」のホームページ（www.yasuda-method.com）をご覧ください。

末尾になりましたが、本書の企画編集に協力いただいた平野智照氏と、出版を快諾していただいたミネルヴァ書房の杉田啓三社長には心より感謝いたします。

２０１９年（令和元年）　初秋

公益財団法人外あそび体育遊具協会　理事長

吉川　靜雄

《著者紹介》

吉川静雄（よしかわ・しずお）

1944年　滋賀県生まれ。
　　　　立命館大学法学部卒業。
1972年　ヨシカワ図書（現・ヨシカワ商事）を創業。
1995年　エール株式会社を第二創業。
2013年　公益財団法人「外あそび体育遊具協会」理事長就任。
主　著『一念一途に　三つ子の魂・花ひらく』あうん社、2018年。

［企画編集］あうん社　平野智照
［制作協力］丹波新聞社

運動遊びが子供の脳とからだを鍛える
——楽しく熱中すれば自ら育つ——

2019年11月30日　初版第1刷発行　〈検印省略〉

定価はカバーに
表示しています

著　者　吉　川　静　雄
発行者　杉　田　啓　三
印刷者　藤　森　英　夫

発行所　株式会社　ミネルヴァ書房
607-8494　京都市山科区日ノ岡堤谷町1
電話代表　(075)581-5191
振替口座　01020-0-8076

亜細亜印刷

ISBN 978-4-623-08758-7
Printed in Japan